諸井克英

Katsuhide Moroi

表象されるプロレスのかたち

多様化する眼前のエンターテインメント

ナカニシヤ出版

本書の構成と狙い

五つの章から構成される本書は、わが国の女子プロレスで数年前に起きた「事件」の語りから始まる。一方のレスラーが「顔を腫らして血だらけになった」ことに基づき議論を展開するが、プロレスが合法的な「喧嘩」として仕組まれていることを強調したいわけではない。力道山がわが国にプロレスのかたちを導入して以来、いわゆる凄惨な結末となる「喧嘩」マッチの様相を呈した試合は、本書でも若干触れているように歴史的に幾度となく生じている。第Ⅰ章の狙いは、そのような凄惨な結末がリングに上ったレスラー同士の想いやさらには団体側の思惑が微妙に乖離していくことにより大きな歪みをもたらし、エンターテインメントとして構築されたかたちが揺れた結果であることを読者に理解してもらうことである。この歪みにのみこころを奪われれば、本書の意図と乖離して「プロレスは残虐」というステレオタイプ的な表象[1]が成立してしまうからである。

例えば、力道山がプロレスのかたちを構築する過程で重要な「事件」となった、当時の柔道界のレジ

[1] 本書のタイトルでもある表象とは、「対象が意識に現れること。またその対象の像。対象が現前している場合（知覚表象）、記憶によって再生される場合（記憶表象）、想像による場合（想像表象）がある」（新村 2018）と定義される。

エンドであった木村政彦との凄惨な試合も、両者の思惑のずれに由来するのだ（増田 2011）。その意味で本書の第Ⅰ章と第Ⅳ章は対を成している。第Ⅰ章で語る遺恨という言葉は主としてレスラー間の関係性を指しているが、第Ⅳ章で対象とした遺恨は実はプロレス団体間の問題である。いずれも、プロレスのかたちに揺れが生じたのだ。結局のところ否定的な結末をもたらす第Ⅰ章のほうは、プロレスに対する不快感を読者の奥底に沈殿させたままとなる。第Ⅳ章のほうは肯定的な感情でその揺れが修復され、プロレスに対する思いもよらぬ楽しさを読者に伝達できるだろう。その意味で、「プロレスは残虐」というステレオタイプ的な表象を抱かれている読者には、第Ⅰ章の次に第Ⅳ章へと飛ばし読みされると筆者の意図を読み取ってもらえるはずである。

続く第Ⅱ章ではプロレスラーの体格について論じる。力道山は、体格的にも恵まれた外国人レスラーを最終的に倒すことにより、言わば体格コンプレックスの克服をエンターテインメントの要素としたのだ[2]。その後に続くジャイアント馬場やアントニオ猪木は体格的にも劣ることはないために、巨体によるエンターテインメントとしてのプロレスという表象が形成される。しかし、現在わが国で活躍しているプロレスラーの身体は決して巨体のみに限定されているわけではないことや、平均的身体がプロレスのかたちの多様化につながっていることを実証的に明らかにした。もちろん巨体レスラーも存在するが、すべてがそうではなく、むしろ身体の多様性を許容することによってエンターテインメントとしてのプロレスの隆盛につながっているのだ。

興行規模からプロレスに注目した第Ⅲ章では、多くの読者が予想するように、新日本プロレスの一人勝ち状況が認められた。しかし、小中規模の興行を持続的に展開している様々なプロレス団体もあり、いわば規模の点でも多様性が明らかになった。この第Ⅲ章では、現在のプロレスブームが単に一団体の一人勝ちに支えられているわけではなく、地域活性化の問題にも関連しながら観戦者の様々な欲求が満たされることによって全体として大きなブームを支えていることを汲み取ってもらえれば、本書の狙いの一端が理解できる。

本書の結論部分ともいえる第Ⅴ章では、プロレスのかたちが八百長や真剣勝負という概念を超えたところに実は存在しており、プロレスラー、レフェリー、プロレス団体によってのみ創出されるエンターテインメントではなく、観客の想いを巻き込んで生じるかたちであることを論じた。第Ⅴ章の中で詳しく言及しているが、プロレスのルールに関する明文化は当然行われている。しかしながら、通常のスポーツと異なり、レフェリングの曖昧さは許容され、実は試合の勝敗はそれほど重要でない。当該レスラーが敗北したとしても観客にもたらした感動に価値がある。観客が眼前で展開されるストーリー展開に

[2] 体格的に劣る日本人レスラーが屈強な体格を駆使して悪の限りを尽くす外国人レスラーを最終的に倒すという、身体的劣位を超克した「勧善懲悪」的世界の構成を力道山は初期に企んだのだ。

[3] 美学者である西村（1989）は、遊びについて探求する中で、ブランコ遊びが一瞬であれ知覚の安定が崩されるにもかかわらず逆説的に生じる「心地よさ」に注目し、「大人の身体を麻痺させるほど」の刺激を提供するジェット・コースター経験にもつながると指摘した。つまり、こころの中で抱かれた自己の安全さの確信（例えば、ジェット・コースターの車輪が外れることはないという確信）を前提にしたこの恐怖体験が逆説的に「心地よさ」を生じるところに、ジェット・コースターの魅力がある。この「心地よいパニック」をプロレス観戦に適用すると、観客は、眼前のレスラーたちが繰り広げる日常世界ではあり得ない技の応酬に（時には流血を伴った）、あるいはその応酬が至近距離で展開され自らも「巻き込まれそうに」なる出来事に恐怖を感じても、結局のところ「心地よいパニック」を体感することになる。

狂喜することもあれば、逆に落胆することもあるだろう。ジャイアント馬場とアントニオ猪木を比較すれば、自らが中心となり設定したストーリー展開のぶち壊しに猪木は腐心しすぎ、時には観客側に不満（＝暴動）さえ喚起したのだ。

本書は、力道山以来のエンターテインメントとしてのプロレスのかたちに関する歴史的語りではないし、レジェンドレスラーに特化した評伝的な叙述でもない。もしもこのようなことを読者が期待しているとすれば本書に物足りなさを惹起することになる。本書の狙いは、プロレスを観戦する側に軸をおき、プロレスのかたちがこころの中でどのように表象されるのかを論じることによって、プロレスという一見不可思議なエンターテインメントがかくも持続している理由に迫ることである。

読者の方々は、筆者がもくろんだプロレスという虚構と現実が交差した旅を始めることになる。この旅の目的は、プロレスの隆盛を予測することではない。哲学者カール・ポパー（2013：Popper, K.）による「人間の歴史の行く末を科学的方法または何らかの合理的方法により予測をすることはできない」という主張に従えば、プロレスの行方に関する社会科学的論議の試みは筆者の容量をはるかに超えている。むしろ、プロレス観戦経験のない読者の方々に、プロレス会場には「心地よいパニック」[3]（西村 1999）が待ち受けていることを予兆してもらうことが本書の目的といえよう。本書の副題に示したように、プロレスは多様化する眼前のエンターテインメントなのだ。

引用文献

増田俊也（2011）『木村政彦はなぜ力道山を殺さなかったのか』新潮社
西村清和（1989）『遊びの現象学』勁草書房
ポパー（Popper, K.）／岩坂 彰（訳）（2013）『歴史主義の貧困』日経ＢＰ社
新村 出（2018）『広辞苑 第七版』岩波書店

目次

Ⅱ章　プロレスラーに対する身体表象　27

表象されるプロレスのかたち——多様化する眼前のエンターテインメント

Ⅰ章

遺恨を透過するプロレスのかたち

二〇一五年春先に女子プロレス団体の試合で勃発した「事件」から始めよう。ここでは、当事者レスラー間に潜む遺恨が「事件」を招いたことを主張したいわけではない。この「事件」によって、実はエンターテインメントとして暗黙に承認されたプロレスのかたちを透視できるのである。なお、本書ではプロレス団体名については、通称を用いた。

1　プロレスのかたちの収斂と拡散

わが国でプロレスといえば、力道山[1]、ジャイアント馬場[2]や、アントニオ猪木[3]を多くの者が想起するだろう。その力道山がプロ野球や大相撲と並ぶエンターテインメントとして確立したプロレスは必ずしもその後も継続的に順風だったわけではない。とりわけ、ⓐ猪木が試みた異種格闘技路線に加えて彼自身が抱えた金銭スキャンダルや、ⓑ馬場の逝去などを大きな契機として二〇〇〇年前後に大きな混迷期に入った。しかしながら、今やプロレスは、本書全体で詳述しているように、「男」のエンターテインメントから脱皮し、女性観戦者の圧倒的な増加を大きな背景として新たなエンターテインメントの様相を示

［1］一九二四年生〜一九六三年没。大相撲で関脇まで昇進するが、一九五〇年廃業。一九五二年に日本プロレス設立。

［2］一九三八年生〜一九九九年没。プロ野球を経て、一九六〇年に日本プロレスに入門。力道山死後、一九七二年に全日本プロレス設立。

［3］一九四三年生〜。力道山がブラジル遠征中の一九六〇年に日本プロレス入門。力道山死後、一九七二年に新日本プロレス設立。一九九八年にプロレスラーを引退。

している。また、第Ⅲ章で示しているように集客規模においても、新日本プロレスがこのプロレス・ブームを牽引しており、隆盛時には常設会場であった「大阪城ホール大会」(二〇一五年七月五日)を再び満員札止め(一四〇〇〇人)にした(週刊プロレス編集部 2015o)。この成功は観戦者の多様化にあることはいうまでもない(現場観察によって性別や年代の多様性を観察できる)。

ちなみに、「プロレスに魅せられた女子」を指す「プ女子」という言葉は流行語にもなり、制服を着た女子中学生をマンガ化して種々のプロレス技を解説する書物(広く。2014:2017 図Ⅰ-1)まで現れた。また、実際にリングで活躍する大卒女子レスラーたちのインタビュー本も出版された(泉井・山近[4] 2013 図Ⅰ-2)。これらはプロレス観戦者の多様化と連動しているといえよう。

そのような状況の中で、現在のブームを創出した貢献者の一人でもある棚橋弘至[5]は、「プロレスは

図Ⅰ-1 『プ女子百景――風林火山』(広く。2017)

図Ⅰ-2 『新卒プロレス――リングに就職した大学生たち』(泉井・山近 2013)

3カウントを取り合う競技で、危険な技の連続で盛り上げる「気絶大会」ではない」（棚橋 2014）という持論に基づき、『週刊プロレス』誌上（2015e）で前号（週刊プロレス編集部 2015c）の表紙について異色ともいえる批判を加えた。その表紙には鼻から出血し腫れぼったい顔となった女子レスラーの「凄惨な姿」が掲載されていたからである。

本章は、この「凄惨な姿」の意味を探る試みである。この「事件」の背後には、プロレスの当事者と観客によって暗黙のうちに承認されたプロレスのかたちが見え隠れするからである。哲学者バルト（1967：Barthes, R.）は、フランスの文化や慣習に哲学的考察を加えた著述の中で、プロレスについても触れ[6]、「苦悩、敗北、そして正義の偉大な見世物」として意義づけた。プロレスはスポーツとしてのアマチュア・レスリングとは別物であるという本書の前提は、このバルトの哲学的着眼によっている。さらに、最終章ではエンターテインメントとしてのプロレスのかたちについて詳細に論議するが、この「事件」は、エンターテインメントとしてのプロレスのかたちへと収斂する中で逆ベクトル的機能（＝かたちの拡散）を発揮するかもしれない出来事であり、この「事件」の考察は価値をもつといえよう。女子プロレスに特異な事象としてよりも、この出来事はプロレスのかたち全体にとって有意味であるのだ。

［4］ちなみに後述する宝城カイリ（一九八八年～。二〇一七年にスターダムからＷＷＥへ移籍しKairi Saneと名乗る）も、この書物に登場するが、法政大学日本文学科出身である。
［5］一九七六年生～。立命館大学在学中にプロレス研究会で活躍後、一九九九年新日本プロレス所属。
［6］篠沢による翻訳ではレスリングという用語が使用されているがプロレスを指している。

2　悪斗と世Ⅳ虎との間での「事件」の勃発

二〇一五年初めに女子プロレス団体のスターダムが開催した「後楽園ホール大会」（二月二二日）で「事件」が起きた。メイン・イベントとして設定された、「ワールド・オブ・スターダム選手権」王者世Ⅳ虎《よしこ》[7]と挑戦者安川悪斗《やすかわあくと》（一九八六年生～）の試合で、エルボー（肘による攻撃）を不意に見舞ってきた悪斗に対して世Ⅳ虎は「ベアナックルによるパンチ」[8]を悪斗の顔面に打ち込み続けた。明らかに一線を越えた事態に悪斗のセコンドについていた木村響子がタオルを投入し、試合はいったん世Ⅳ虎のＴＫＯ勝ちとなった。悪斗は、鼻からの大出血に加え、顔面を腫れぼったく変形させた。

この凄惨な顔が『週刊プロレス』誌（二〇一五年一七八一号）の表紙となり、試合を観戦していない者にも衝撃を与えた。「事件」の重大さから、スターダム社長のロッシー小川[9]は、即座にこの試合を無効とし、世Ⅳ虎の王座剝奪と無期限出場停止を宣言した（週刊プロレス編集部 2015c：2015d）。プロレスファンの多くは、一九八七年に開催された新日本プロレスの「後楽園ホール大会」で前田日明[10]が長州力[11]に顔面キックを浴びせ「眼底打撲」を負わせた有名な「事件」を想起した。しかしながら、「事件」の構造はこれと同型ではない。この「顔面襲撃事件」が起きた歴史的背景は塩澤（2009）に詳しいが、「真のプロレス」を巡る新日本プロレスの漂流を「地」として前田と長州の心理的確執が「図」として浮き彫りになったのだ。

3　「事件」の背景と顛末

この「事件」の数日後に（二月二五日）、ロッシーは、世Ⅳ虎とともに記者会見に臨み、悪斗の容体[12]を報告し、同席した世Ⅳ虎が謝罪した（週刊プロレス編集部 2015f）。その際、今後の改善策として次の三点が発表された。ⓐ顔面パンチの禁止、ⓑ本部席へのリング・ドクター配置、ⓒ人間関係の歪み防止のために宝城を選手会長とし選手間のコミュニケーション円滑化。

ⓑについては、確かに、「事件」直後の「大阪・城東区民ホール大会」（三月二二日、現場観察）では、地元の医者と看護師が配置されていた。偶然にも、宝城と岩谷麻優[13]が試合中に接触した時に宝城の右眼下

[7] 一九九三年生〜。二〇一〇年にスターダム所属。本章で対象とした「事件」後に、世志琥と改名し、二〇一六年に女子プロレス団体 SEAdLINNNG に移籍。

[8] 一九七七年生〜。二〇〇二年JWP女子プロレス入団、二〇〇五年に退団。その後フリーランスとして様々な団体で活躍。二〇一七年プロレスラーを引退。二〇二〇年にSNSを介した誹謗中傷により自殺したスターダム所属・木村花は実娘。

[9] 小川宏。一九五七生〜。わが国おける女子プロレスの設立に携わり、いわば運営面でのレジェンドである。二〇一〇年にスターダムを設立。

[10] 一九五九年生〜。一九七七年新日本プロレス所属。一九八四年新日本プロレスを離脱しUWFへ。一九八五年新日本プロレス復帰。その後、この「事件」により一九八八年新日本プロレス解雇。

[11] 一九五一年生〜。大学時代にアマチュアレスリングで活躍後、一九七四年新日本プロレス所属。一九八四年にジャパンプロレスを設立し、新日本プロレス離脱。一九八六年新日本プロレス復帰。その後、引退-復帰を繰り返し、二〇一九年にプロレスラーを引退。

[12] 頬骨・鼻骨・左眼窩底の骨折と両眼の網膜振盪症。

部から流血し、試合はドクター・ストップとなった（『週刊プロレス』誌一七八六号の表紙は絆創膏を貼った宝城が飾っている）。この流血に対して、観客は一瞬のうちに「ひいた」雰囲気になった（現場観察、写真Ⅰ-1）。確かに後述する棚橋の主張と一致し、「流血」は少なくともスターダムの観客には望まれていないのである。この「ひいた」雰囲気は、第Ⅴ章で結論づけるように、プロレスのかたちが、興行の主体側（レスラー、レフェリー、団体）に加え、観客を重要な構成要素としていることを示している。興味深いことに、その後の大阪地区の大会では医療スタッフは配置されていない（五月一〇日「大阪・西区民センター」以後の大会：現場観察）。なお、医療スタッフは、新日本プロレスでは常に配置されているが、興行規模に応じた必要コストをどのように考慮するかによっている。

　ロッシーによる処分発表後、入院中の悪斗のもとにロッシーとともに謝罪に来た世Ⅳ虎、それを

写真Ⅰ-1　「悪斗」事件直後のスターダム大会における試合中断
（2015年３月22日「大阪・城東区民ホール」大会：著者撮影）

「受容」し世Ⅳ虎の今後を心配する悪斗という構図が描かれた（週刊プロレス編集部 2015f）。スターダムのエースである紫雷イオは、[14]「世Ⅳ虎にリングに立ってほしい……これでプロレスを辞めたら絶対にダメだ」と発言することによって、両者の均衡化をはかった（週刊プロレス編集部 2015g）。

世Ⅳ虎は、六月一四日「後楽園ホール大会」に現れリング上でスターダム引退を宣言した（週刊プロレス編集部 2015n）。「自分はプロレスに救ってもらって、今の自分がある……」と述べる中、紫雷などがリング上に駆け上がり、引退撤回を期待するファン達の大声援が起こるが、予定されていた「10カウント[15]」も鳴ることなく世Ⅳ虎はスターダムのリングを去った。他方、悪斗のほうは、二〇一五年七月二八日に九月二三日「スターダム後楽園ホール大会」での復帰が正式に発表された。悪斗は数試合前からリング周りの仕事やセカンドなどを懸命にこなしており、リング上での挨拶も行っていた（二〇一五年七月一九日大阪・世界館大会、現場観察）。結局、悪斗は、木村とともに九月二三日に復活し、「肉体改造」の成果を誇示したが（週刊プロレス編集部 2015r）、一二月にはレスラーを引退した。

［13］一九九三年生～。二〇一〇年スターダム所属。現在、スターダムの中心レスラー。
［14］一九九〇年生～。二〇一八年にスターダムからＷＷＥへ移籍しIo Shiraiを名乗る。
［15］格闘技系の引退式では、挨拶や花束贈呈とともに「一〇カウント」（ゴングを一〇回打ち鳴らす）も重要な儀式要素となる。

4 「事件」の勃発に対する批判

先述した棚橋は、「週刊プロレスの表紙」が「世間とプロレスをつなぐ数少ない接点」として機能しているという前提で、「この女性（＝悪斗）が顔を腫らして血だらけになった」写真を表紙にする必要があるのかと『週刊プロレス』誌側を批判した（週刊プロレス編集部 2015e）。「プロレスの注目度がちょっとずつ上がっている段階」で凄惨な写真によって「プロレス界に近づいてきている人たち」が離れてしまうという、現在のブームをもたらした貢献者の一人ならではの視点である。そもそも「試合内容が未熟であるだけ」という彼の「事件」の捉え方が根底にある。棚橋による『週刊プロレス』誌批判を受けて、『週刊プロレス』誌は、この「事件」に関する「短期集中連載」を行い、以下の五人が登場した。

女子プロレス・レジェンドの一人である長与千種[16]は、この「事件」について「喧嘩両成敗」的観点に立った（週刊プロレス編集部 2015h）。「事件」前の二者の対人的過程に問題があるとすれば、「火種はボヤで済ませなきゃ」と誰かが解決すべきだと主張した。そして世Ⅳ虎に対しては、しばらく第一試合に出続けるか、「リング周りのことを走って走ってやらせればいい」のであり、その上で、悪斗復帰時にもう一度闘い、観客に「勉強させて頂きました」と詫びることを提案した。

レフェリーとして「事件」当事者であった和田京平[17]は、次の二点を指摘した（週刊プロレス編集部 2015i）。ⓐ世Ⅳ虎のチャンピオンとしての「品格」の欠如と未熟さ、ⓑ当該試合のレフェリー（自分自身）に付与された権限の曖昧さ。ⓐは、悪斗が仕掛けたパンチに対する過度の報復パンチのことであり、「レスラーはケガしたら二流、ケガさせたら三流」ということである。ⓑは、四〇年にわたって（一九七四年レフェリー・デビュー）メジャー・プロレス団体（全日本プロレス）でレフェリーの座にあるのに、なぜこのような事態を招いたのかということに関わる。和田は、悪斗が流血しても「やらせてください！」と発言する中で、リング・ドクター不在のために「ドクターストップ」を行使できないことや、自団体でないのに数分で試合中止にしてよいのかという営業的判断が働いてしまったことを告白した。さらに、根本問題として、自団体でないがために自分と二選手との信頼関係が確立されていなかったことも挙げた。

ベテラン・レスラーの里村明衣子[18]は、レスラーの育成上の問題点に注目した（週刊プロレス編集部 2015k）。「ケガをさせようとして人を殴るんだったらプロじゃない」ことを徹底的に教え込むことが新人育成にとって重要であること、さらに団体内の人間関係の歪みに関する日常的把握の必要性も指摘した。その上で、世Ⅳ虎の真面目さを認め（「あの子は本当に真面目だし、真っすぐだから」）、再教育の上でのリングへの復帰を提言した。

「プロレス界の帝王」とも呼ばれる高山善廣[19]は、「被害者」である悪斗の未熟さを問題視した（週刊プロレス編集部 2015l）。「打撃をよける術」も知らずに「粋がっていきなりパンチ」した悪斗には「やったらや

[16] 一九六四年生～。女子プロレス界のレジェンドレスラーであり、二〇一四年に女子プロレス団体 Marvelous 設立。
[17] 一九五四年生～。一九七二年にジャイアント馬場擁する全日本プロレスのスタッフとなりレフェリーへ。二〇一一年全日本プロレス離脱。二〇一三年全日本プロレスの名誉レフェリー就任。レジェンド・レフェリー。
[18] 一九七九年生～。二〇〇六年に仙台を拠点とするセンダイガールズプロレスリング設立。
[19] 一九六六年生～。一九九五年にＵＷＦインターナショナルに参加後、全日本プロレスやプロレスリング・ノアを経てフリーランス。二〇一七年ＤＤＴ大会で試合中に怪我（頸髄損傷および変形性頸椎症）をし—ただし、この怪我は偶然の出来事—、現在長期療養中。

られるという覚悟」がないから、今回の「事件」は悪斗自身が招いたのだ。そのような未熟な悪斗をメイン・イベンターに仕立てたスターダムの組織上の未熟さにも言及した。

スターダム旗揚げ時（二〇一一年）から在籍し、現在は引退した（二〇一三年）愛川ゆず季（一九八三年生〜）は、「悪斗がスターダムの中で浮いている」という団体内の噂を前提に、当日の試合前から危惧を抱いていたことを訴えた（週刊プロレス編集部 2015m）。また、先述の棚橋による「未熟さ」批判に同意しながらも、先輩選手による「一生懸命の方向」のずれを補整する必要性を強調した。愛川が引退する前の対里村戦のエピソードの開示は示唆的である。自分（愛川）は「思い切りキック」しているのに里村は自分が蹴った「一ミリ上の力でずっとやり返し」てきたのである。

5　悪斗と世Ⅳ虎との間に横たわる力学

この「事件」が起こる一ヵ月前に、悪斗は、持病の「バセドウ病」の悪化で返上していた「ワンダー・オブ・スターダム選手権」を一月一八日「後楽園ホール大会」で奪還した（週刊プロレス編集部 2015b）。その際、木村をリーダーとする《モンスター軍》に合流し《大江戸隊》を結成した。ここに宝城、紫雷をそれぞれリーダーとする《昭和軍》、《平成軍》とともに《大江戸隊》が加えられ、スターダムは、三軍体制になった。ロッシーは、団体内に複数の対立集団を形成することにより団体の活性化を図ったのだ。これは、プロレス団体の伝統的手法でもある。他方、世Ⅳ虎も同日の大会でスターダム旗揚げメンバーである高橋奈苗[20]を破り「ワールド・オブ・スターダム」選手権を防衛した。世Ⅳ虎は《平成軍》に所属していたので、「事件」となった試合は、《平成軍》と《大江戸隊》の闘いでもあった。

ところで、団体内に複数の対立集団を設けるという伝統的手法は、次のような肯定的な効果が期待できる。集団心理学の研究知見によれば（ホッグ＆アブラムス 1995）、人々は自分が所属する（と思い込んでいる）集団（＝内集団）の成員には好意的態度を抱き肯定的行動を取る傾向があり、自分が所属しない集団（＝外集団）に対しては逆の態度や行動を示す。したがって、団体内における複数の対立集団の設定は、集団内の融和と集団間の敵意をもたらす効果があり、団体全体として活性化することになる。さらに、ファンの視点からも、どちらかの集団への心理的同一化は対立集団への敵意を孕み、結局のところ団体への関与感が増大する。しかも、研究知見によれば、このような内集団・外集団を区別するための明確な指標は必要なく、たまたま当該集団に所属しているという知覚のみで十分なのである。

しかしながら、このような対立集団の設定以上に、悪斗と世Ⅳ虎の関係性は特異である。先に記したように悪斗のほうが世Ⅳ虎よりも七歳年上であるが、デビューは世Ⅳ虎（二〇一一年一月）のほうが悪斗（二〇一二年二月）より早かった。さらに、悪斗は、持病手術のため二〇一四年に長期欠場した（週刊プロレス編集部 2014）。年齢に基づくヒエラルキーが曖昧となったのだ。

さらに、最も重要なことであるが、二者のプロレスに対する志向性の違いは決定的であった。世Ⅳ虎は、小学三年時に両親の離婚に伴い母親と暮らすことになった（週刊プロレス編集部 2015a）。小学生時代には母親の縁で風香[21]と巡り会いプロレスに関心をもった。後のスターダム入門の下地が形成されたので

[20] 一九七八年生〜。二〇一五年に女子プロレス団体 SEAdLINNNG 設立。高橋奈七永に改名。

ある。しかし、進学した地元中学は荒れており、「ワル」の上級生にすぐに目をつけられ、ヤンキー・グループの一員となった。何度も補導されたあげく、最終的には少年鑑別所に入所となるが、保護観察処分となった。中学卒業後は内装職人として働いた。携帯で偶然にも風香のブログを知り連絡すると、スターダム旗揚げ前の彼女からプロレスへの誘いがあり、当時の状況につながることになる。つまり、「プロレスは天職」という運命的思いである。プロレスは、「母をとてつもなく悲しませてしまった過去」への「恩返し」ができる職業として世Ⅳ虎は捉えていた。

他方、悪斗は日本映画学校の卒業生であり、もともと俳優志向なのだ。『東京タワー』（二〇〇七年）や『デスノート』（二〇〇六年）など、多くの映画やドラマに出演歴がある。さらに、中学時代のいじめ、レイプ、自殺未遂などの自体験を素材にした自伝的映画『がむしゃら』の製作にも取り組み、この映画は「事件」直後の二〇一五年三月から上映された[22]。先述した愛川はもともとグラビア・アイドルからプロレスデビューしたが、悪斗は先述した愛川との舞台共演がきっかけでプロレスも志向することになった。プロレスは、世Ⅳ虎にとっては困難な少女時代の果てに辿り着いた「天職」であったのに対して、悪斗には映画や舞台と同水準の「自己表現の場」に過ぎなかったと推察できる[23]。スターダムが人生の心理的居場所（岸・諸井 2011；諸井・坂上・野島・岡本 2015）となっていた世Ⅳ虎にとっては、そのような悪斗には違和感と怒りが深く生じていたのかもしれない。藤竹（2000）によれば、居場所とは、環境地理的空間と意味的空間の観点から、次の三つに分類される。ⓐ社会的居場所（自分が他人によって必要とされ、自分の資質や能力を社会的に発揮することができる）、ⓑ人間的居場所（自分であることをとり戻すことができ、安らぎを覚えたり、ほっとすることのできる）、ⓒ匿名的場所（群衆の一員となり、匿名的な状況になると、今までの自分から抜け出せることから、かえって自分をとり戻すことができる)。とりわけ、ⓐやⓑの点で、スターダムという居場所が悪斗と世Ⅳ虎との間で乖離を生じさせていたのだ。

6 「事件」はプロレスだったのか

スポーツ社会学者であるトンプソン(1991：Thompson, L.)は、ゴフマン(1974：Goffman, E.)によるフレーム分析に沿ってプロレスの位置づけを試みた。トンプソンによれば、プロレスとは「本当の喧嘩」(基礎フレーム)を単純に「偽造」した「八百長」ではなく、観客を含めすべての関与者が認めている「偽造」と「転形」との積み重ねである。例えば、「ドラマ」は台本の存在を前提とし、その台本通りの事態が進行する。しかし、プロレスではその台本の存在に関する観客による推測を覆すことにより(フレームの破壊)「プロレスの凄み」を観客に経験させる。つまり、「プロレス学」を提唱した岡村(1991)が指摘するように、プロレスは「テーマとエンディングだけが決まっていることが多い」「ジャズのアドリブ演奏」と同型ともいえる。ところで、以上のトンプソンの出発点は「本当の喧嘩」の仮定にあるが、哲学者の

[21] 一九八四年生〜。スターダム旗揚げメンバーであり、この「事件」当時GMであった。
[22] この映画は、二〇一六年にDVDとして発売された(安川 2016)。
[23] 先述したように、リング周りの仕事に励んでいた悪斗も、映画に伴うトーク・ショー準備のため(安川 2020)、二〇一五年九月六日の「大阪・港区民センター大会」には同行していなかった(著者による現場観察)。

入不二（2009）は彼の分析を哲学的に批判し、「イマジナリィな無限定な喧嘩そのもの」を原点にすべきとした。トンプソンや入不二が提起したプロレスのかたちについては、最終章で詳述する。

ここでは、今述べたようなプロレスに関する枠組みに沿って、世Ⅳ虎と悪斗による「事件」を分析しよう。悪斗は最初は先制エルボーにより当該の試合を「本当の喧嘩」として「フレームの破壊」を企てた。この企てが当該の試合に関するおおよその進行に関する事前取り決めともいえるブックに含まれていたかは当然ながら不明である（ロッシーが告白すれば明らかになるが）。しかし、俳優というもう一つの「顔」をもつ悪斗からすればこの試合を盛り上げるための当然の思いつきとも解釈できる。彼女の思いつきは、当該試合以前の中で醸成されたリング外でのストーリーの展開である「アングル」と一致する。問題は、この企ての根底に、愛川が指摘する「スターダムの中で浮いている」という感覚や、里村が感じた「日常関係の歪み」に起因する世Ⅳ虎に対する恐怖心があった可能性を推測できることである。つまり、少女時代に「本当の喧嘩」を経験し、挙げ句に鑑別所まで行った世Ⅳ虎相手なのである。悪斗の企ては、高山が言う「覚悟」の域を前提としたものでは決してないと推論できる。

他方、世Ⅳ虎は、悪斗による「フレームの破壊」に「本当の喧嘩」として応答した。プロレスと「本当の喧嘩」との間に横たわる境界が消失したのだ。この原因の一つには、世Ⅳ虎にとっては少女時代に経験した「本当の喧嘩」とリング上での「喧嘩」の区別がもともと曖昧であり、これは里村や高山がともに触れたスターダムの新人育成の問題に帰着する。さらに、もう一つの重要な原因として、次のことが推測される。世Ⅳ虎がようやく辿り着いたプロレスへの想いは、俳優としての自己実現のためにそのプロレスという場を利用しているかのように見える悪斗への「憎悪」を同時に生み出した。当該の試合前から日常的に醸成されていたと思われる、この「憎悪」が悪斗の「エルボー」によって世Ⅳ虎の側に「本当の喧嘩」を誘発したのだ。愛川の「一ミリ上の力でのやり返し」や和田の「けがをさせたら三流」という規範意識にこの「憎悪」が圧倒的に勝ってしまった。この「憎悪」をレフェリーである和田は、スターダム所属のレフェリーではないために瞬時に解読できなかったと思われる。

悪斗と世Ⅳ虎との間に勃発した「事件」は、三〇年前にも当時新興女子プロレス団体であったジャパン女子プロレス（一九八六年設立～一九九二年解散）でジャッキー佐藤（一九五七生～一九九九没）と神取忍（一九六四年生～）との間で起きた「事件」と同型でもある。佐藤は、高校を中退後に全日本女子プロレス（一九六八年～二〇〇五年）に入門し、上田マキ（一九五九年生～）と「ビューティ・ペア」を結成し、歌うレスラーとして低年齢層の女子を中心としてアイドル的人気を得た。いったん引退したが、一九八六年には新団体ジャパン女子プロレスの設立に参加した。神取忍（一九六四年）は「ツッパってた」中学時代に通い始めた「近所の小さな町道場」をきっかけに柔道に目覚め、世界柔道選手権大会三位（一九八四年）まで上り詰めた。その後ジャパン女子プロレスに設立時から参加し、佐藤 対 神取は団体の中心軸とされた。

しかし、一九八七年夏の試合（七月六日）において佐藤のラリアート攻撃[24]が神取の目にヒットしたことに端を発し、二週後に組まれたシングル試合は（七月一八日）、壮絶な結末となった。「足払いでブッ倒して、馬乗り」になり、「相手の顔面にパンチの連打」、「相手の胸の上に自分の上半身を乗せ」、「ギブアッ

［24］体ごとぶちあたる勢いで突進して腕を相手の首に叩きつけ振り抜く。

プの意思表示」ができないように「手で降参の合図ができないように、腕をとって関節をアームロック」した（神取 1997）。レフェリーストップとなり殺伐とした雰囲気でこの試合は終わった。試合後、神取は、「プロモータたち」に「おまえはプロとしてやっていけないことをした」と「説教」されるが（神取 1997）、結局、団体を離脱した。興味深いことに、ジャパン女子プロレスは、「プロレス版おニャン子クラブ」を企図し、「秋元康」も関与していた（諸井 2015）。つまり、この雰囲気は柔道を強さの根拠とした神取とは元々適合しておらず、プロレスのかたちに歪みが生じたのだ。

7 エンターテインメントとしてのプロレスの覚悟へ

先述したように、現在のプロレスの再興は新日本プロレスによって牽引されている。リング上で「愛してま〜す」と唱和し、「エア・ギター」を奏でる「チャラ男」の棚橋（棚橋 2014）に象徴されるようにプロレスのエンターテインメント化は多様な客層の取り込みに成功した。一九九七年に高木三四郎[25]によって設立されたインディーズ団体のＤＤＴ（Dramatic Dream Team）も「文化系プロレス」[26]を標榜し、年に数回「両国国技館大会」を開催できるほどに成長した（週刊プロレス編集部 2015q）。人形（＝「ヨシヒコ」）とＤＤＴの当時のスター選手飯伏幸太[27]とのチャンピオン戦など（週刊プロレス編集部 2015j）、数々の異種格闘技戦を発案した猪木でさえ想像し得ない領域だ。さらに、ＤＤＴよりも数年前に旗揚げした大日本プロレス[28]も、多様な観客を取り込むために「デスマッチ（流血を伴う）」と「ストロングスタイル（マッチョな闘い）」という一見対極にある路線を重層的に展開しながら、二〇一五年夏には「両国国技館大会」

（七月二〇日）に辿り着いた（週刊プロレス編集部 2015p）。

ここで考察対象とした「事件」は、上述したようなエンターテインメント化を核とした大きな流れの中で、スターダムが一定以上の技量を伴わない選手にそのような役割を負わせたために、歪みが生じてしてしまったといえよう。[29] 棚橋や飯伏はそのエンターテインメント部分を除去しても明らかにかなりの技量をもつ選手なのである。世Ⅳ虎は身体的には十分な技量をもつと判断できよう。しかし、プロレス的枠組みでその技量を発揮するための「冷静さ」の心理的機制が世Ⅳ虎には十分に育まれていなかった。

ロッシーは、宝城 対 紫雷という「エロカワ」系の軸に、悪斗 対 世Ⅳ虎という「悪党」軸を交差させることによってスターダムの強化を企図した。しかしながら、彼が描いた「アングル」が、ある意味プロレスの本質――一定の技量の上に成立するエンターテインメントであること――を甘く見ているもののために、瓦解したのである。これが、この「事件」の本質といえるのだろう。

---

[25] 一九七〇年生〜。大学在学中にイベントプロデューサーとして活躍後、一九九四年にＩＷＡ格闘志塾所属。一九九六年第四一回衆議院総選挙（神奈川）立候補を経て、一九九七年ＤＤＴ設立に関わる。

[26]「観客論に基づいた徹底的な作り込み」と「時代の一歩先を行く斬新なセンス」（高木 2008）を特徴とする。

[27] 一九八二年生〜。二〇〇四年ＤＤＴデビュー。二〇一三年新日本プロレスとの二重所属。二〇一六年フリーランス。二〇一九年新日本プロレス所属。

[28] 元々全日本プロレス所属であったグレート小鹿（一九四二年生〜）を中心として一九九四年に設立。

[29] 加えていえば、この当時のスターダムは、有力選手の離脱に伴う団体選手層の薄さを外国人レスラーの招聘や中学生の「キッズ・ファイター」によって補う方略を採用しており、これも問題を孕んでいた。

[30] なお、一定のルールを設けた上で相手に対する最大の身体的ダメージを許容する「総合格闘技」の流れについては本書の範囲を超えている。

わが国の女子プロレスの盛衰を民俗学的視点から捉えた亀井（2000）は、最も隆盛を誇った全日本女子プロレス（一九六八年〜二〇〇五年）が、「アイドル」を創出することによって若年女性を観客として獲得した様を参与観察的に描いた。ロッシーは、実は二〇年間にわたりその全日本女子プロレスのプロデューサー的役割を果たした人物なのだ。

全日本女子プロレスを退社する際の「この二〇年間に培った経験を生かして理想郷をつくり上げる」（ロッシー小川 1997）という言葉はまさにスターダムによって具現化するはずであった。しかし、「女子プロレス」界が、ベテラン選手を代表とする団体設立に伴う多団体化とともに、フリーランス・レスラーも多く存在するという状況を呈しており（第Ⅲ章でも述べるように「男子プロレス」も同様の状況にある）、そのような状況がロッシーに団体選手層の薄さ（有力選手の離脱）という決定的問題を抱え込ませた。その結果、多様な選手が所属していた全日本女子プロレスの隆盛に基礎をおく「理想郷」の実現を困難にしたといえる。皮肉なことに、ロッシーは、「レスラーとしてリングに上がるのなら、心身ともに強固でなくてはならない」とか、「入門からデビューまで早すぎるのも質を落とす原因」と退社時に指摘していた的確な問題（ロッシー小川 1997）へと今回の「事件」によって回帰してしまったのだ。

冒頭に述べたように、本章の目的は、二〇一五年に女子プロレス団体の試合で勃発した「事件」を通して、暗黙に承認されたプロレスのかたちを透視することであった。プロレスとは、互いの遺恨を晴らす場では決してないばかりか、強靱な身体と切磋琢磨した技能を前提として相手に決定的ダメージを与える場でもない。[30] 最終章で結論するように、プロレスとは、興行の主体側（レスラー、レフェリー、団体）と観戦者とが協応して創出するエンターテインメントなのだ。

引用文献

バルト（Barthes, R.）／篠沢秀夫（訳）（1967）『神話作用』現代思潮社

藤竹 暁（2000）「居場所を考える」藤竹 暁（編）『現代人の居場所〈現代のエスプリ別冊生活文化シリーズ3〉』至文堂、四七－五七頁

ゴフマン（Goffman, E.）／石黒 毅（訳）（1974）『行為と演技――日常生活における自己呈示』誠信書房

広く。（2014）『プ女子百景』小学館集英社プロダクション

広く。（2017）『プ女子百景――風林火山』小学館集英社プロダクション

ホッグ ＆ アブラムス（Hogg, M. A., & Abrams, D.）／吉森 護・野村泰代（訳）（1995）『社会的アイデンティティ理論――新しい社会心理学体系化のための一般理論』北大路書房

入不二基義（2009）『足の裏に影はあるか？ないか？――哲学随想』朝日出版社

泉井弘之介・山近義幸（2013）『新卒プロレス――リングに就職した大学生たち』ザメディアジョン・エデュケーショナル

亀井好恵（2000）『女子プロレスの民俗誌――物語のはじまり』雄山閣出版

神取 忍（1997）『神話（カンワ）』マガジンハウス

岸可奈子・諸井克英（2011）「女子大学生における居場所感覚――大学と家庭という心理的空間」『生活科学』（45）、二〇－二八

諸井克英（2015）『ことばの想い――音楽社会心理学への誘い』ナカニシヤ出版

諸井克英・坂上 舞・野島 彩・岡本有美子（2015）「女子大学生における居場所感覚の基底にある心理学的機制の探索――過剰適応傾向、抑うつ傾向、および自尊心との関連」『総合文化研究所紀要』（32）、七一－八三

ロッシー小川（1997）『衝撃ドキュメント　女子プロレス崩壊――危機一髪』ぶんか社

岡村正史（1991）「冬の京都の知的バトルロイヤル」岡村正史（編）『日本プロレス学宣言』現代書館、一七－二六頁

塩澤幸登（2009）『U.W.F.戦史2――１９８７〜１９８９年　新生U.W.F.復活編』河出書房新社

週刊プロレス編集部（2014）「2015　プロレスラー写真名鑑号」『週刊プロレス』（No. 1767）、三七頁
週刊プロレス編集部（2015a）「元ヤン女子、天職に出会う」『週刊プロレス』（No. 1773）、一一〇-一一一頁
週刊プロレス編集部（2015b）「悪斗流エール」『週刊プロレス』（No. 1776）、一〇七-一一一頁
週刊プロレス編集部（2015c）「スターダムの悲劇」『週刊プロレス』（No. 1781）、四〇-四一頁
週刊プロレス編集部（2015d）「なぜ、事件は起きたのか?」『週刊プロレス』（No. 1781）、八九-九一頁
週刊プロレス編集部（2015e）「直接対決、先週号の表紙は是か非か」『週刊プロレス』（No. 1782）、一二一-一二五頁
週刊プロレス編集部（2015f）「世Ⅳ虎、事件について謝罪」『週刊プロレス』（No. 1782）、一七-一九頁
週刊プロレス編集部（2015g）「紫雷イオの逸女でしょ!」『週刊プロレス』（No. 1783）、三八頁
週刊プロレス編集部（2015h）「世Ⅳ虎vs悪斗、私はこう見る〈長与千種〉」『週刊プロレス』（No. 1783）、四三頁
週刊プロレス編集部（2015i）「世Ⅳ虎vs悪斗、私はこう見る〈和田京平〉」『週刊プロレス』（No. 1784）、五一頁
週刊プロレス編集部（2015j）「検証　飯伏幸太vsヨシヒコ」『週刊プロレス』（No. 1784）、九三-九九頁
週刊プロレス編集部（2015k）「世Ⅳ虎vs悪斗、私はこう見る〈里村明衣子〉」『週刊プロレス』（No. 1785）、四三頁
週刊プロレス編集部（2015l）「世Ⅳ虎vs悪斗、私はこう見る〈高山善廣〉」『週刊プロレス』（No. 1786）、四三頁
週刊プロレス編集部（2015m）「世Ⅳ虎vs悪斗、私はこう見る〈愛川ゆず季〉」『週刊プロレス』（No. 1787）、五一頁
週刊プロレス編集部（2015n）「混乱の引退式」『週刊プロレス』（No. 1797）、二四-二五頁
週刊プロレス編集部（2015o）「ありがとう、レインメーカー」『週刊プロレス』（No. 1800）、二-九頁
週刊プロレス編集部（2015p）「尊き先導者」『週刊プロレス』（No. 1802）、一一五-一一九頁
週刊プロレス編集部（2015q）「これが坂口征夫!」『週刊プロレス』（No. 1809）、四-一八頁
週刊プロレス編集部（2015r）「安川悪斗、有言実行。汗と涙の復活祭!!」『週刊プロレス』（No. 1814）、九二頁
高木三四郎（2008）『俺たち文化系プロレスＤＤＴ』太田出版
トンプソン（Thompson, L.）（1991）「プロレスラーのフレーム分析」岡村正史（編）『日本プロレス学宣言』現代書館、二

七－六〇頁
棚橋弘至（2014）『棚橋弘至はなぜ新日本プロレスを変えることができたのか』飛鳥新社
［ＤＶＤ資料］
安川悪斗（2016）『がむしゃら』マクザム
［インターネット・サイト］（最終確認日：二〇二〇年一二月一五日）
安川悪斗（2020）「がむしゃら」https://www.maxam.jp/gamushara/#Introduction

II章

プロレスラーに対する身体表象

遺恨の次には、プロレスラーの身体に注目し、他のプロ・スポーツ選手（本章ではプロ野球選手とJ1リーガー）と比較しながら、プロレスラーの身体の特徴を統計的に抽出しよう。さらに、わが国の様々なプロレス団体間の比較も試みる。これによって、エンターテインメントとして今や隆盛を極めているプロレスのかたちを支えているプロレスラーに関する身体表象の働きを探ることができる。

1　プロレスラーの身体

第二次世界大戦後、力道山は、プロ野球や大相撲と並ぶエンターテインメントとしてプロレスを確立した。[1] 前章に述べたように、「苦悩、敗北、そして正義の偉大な見世物」としての哲学者バルト（1967：Barthes, R.）によるプロレスに対する着眼は、スポーツとしてのアマチュア・レスリングとは異なる領域であるプロレスの特異性に関するここでの考察の基礎となる。前章では、女子プロレス団体のスターダムで起きた「事件」を素材として、プロレスのかたちに関する論究を企てた。本章では、このプロレス空間を縦横無尽に動き回るプロレスラーの身体に注目しよう。

力道山は、米国を中心とする巨体の外国人選手を相手にし、第二次世界大戦後に日本人が抱いた「敗戦コンプレックス」を払拭した。つまり、彼は、「日本人というアイデンティティを復興したヒーロー」なのである。もともと大相撲で関脇まで昇りつめた力道山（身長一七六センチ、体重一一六キログラム）は、

［1］一九五三年に日本プロレス設立。本書でのプロレス団体情報は主としてベースボール・マガジン社（2014）による。

同時代の日本人と比べると大きな体格であったが[2]、身長の点からは外国人選手に混ざるとプロレスの観戦者には大きな体格としては顕著には表象されなかった。しかし、この身体表象はプロレスの隆盛を促進することになった。

なお、コンプレックスとは、「自己の劣性を意識し、自己を低く評価する感情」（水間 2000）である。精神科医であったアドラー（Adler, A.）によって、人間の成長にとって重要なものとして体系化された概念である。アドラーは、「人間性に優越と成功とを求めてやまない力のあること」（アドラー 1980）を前提として、コンプレックスと優越感の相互補償的な観点から人格的成長やコンプレックスの克服を捉えた。つまり、米国との闘いに負けるはずがないという第二次世界大戦中に日本国民が抱いた信念の「挫折」と戦後すぐに経験した米軍を中心とした進駐軍との「圧倒的な体格差」に主として由来する敗戦コンプレックスに対して、力道山は、プロレスを通してそのコンプレックスの克服と成長への動機づけの高揚を図ったのだ。

現代の日本文化の未成熟性を論じた阿部（2012）は、新聞（朝日、毎日、讀賣の三紙）に載った一枚の二ショット写真が日本国民に与えた衝撃を指摘した[3]。昭和天皇（一九〇一年生～一九八九年崩御）は、一九四五年九月に進駐軍の最高司令官であるマッカーサー（Douglas MacArthur：一八八〇年生～一九六四年没）と会談を行うために米国大使公邸を訪れた。その際、「ラフな軍服姿で両手を腰に当てて胸を張る」マッカーサーと「モーニングを着用した正装」の昭和天皇の二ショット写真が撮られた。その二人の「背丈の高低差」に日本国民が驚愕したのだ（阿部 2012）。力道山の初期の着眼は、この写真に対する驚愕に由来するといえよう。

例えば、テレビ・メディアとプロレスを連結し（猪瀬 2013）、その後のプロレス隆盛の出発点となった伝説的試合（一九五四年）で力道山と闘ったシャープ（Sharp）兄弟は、彼よりも二〇センチ以上も背が高かった。[4] ちなみに、わが国におけるテレビ・メディアの勃興の歴史を論じた猪瀬（2013）は、力道山が巧みにこのメディアを利用したことを指摘した。[5] 要するに、「プロレスのスピード感とリングの狭さは、画像を四角い小さな箱に収めるには最適」（猪瀬 2013）であったのだ。ところで、そのような「日本人のヒーロー」となった力道山は、興味深いことに実は朝鮮半島出身者であった（牛島 1995）。このプロレスにおける民族的アイデンティティの問題は、他の章でも触れるが、とりわけ第二次世界大戦後の日本社会ではきわめて重要であった。

興味深いことに、力道山は、ジャイアント馬場（身長二〇九センチ、体重一三五キログラム）とアントニオ猪木（一九一センチ、一一〇キログラム）をそれぞれ入門させるが、日本人プロレスラーも外国人に劣ることがない巨体という身体表象の転換を力道山は試みたのである。彼が非業の死を遂げた後に紆余曲折の末、

［2］厚生労働省による昭和二九（一九五三）年度国民健康・栄養調査によれば（国立健康・栄養研究所 1954）、二五歳男性の平均的体格は一六一・九センチ、五五・三キログラムである。

［3］日本政府は、この写真を掲載した三紙に対して即座に発売禁止の命令を下すが、自由の侵害という名目で逆に日本政府が進駐軍の怒りを買うことになった。

［4］シャープ兄弟。ベン（Ben）一九七センチ、一一二キログラム。マイク（Mike）一九九センチ、一一九キログラム。

［5］例えば力道山は、テレビに映し出される自分自身の身体を試合中にも常に意識していた。「作動しているカメラに赤ランプ……それをチラッと確認」（猪瀬 2013）。

ジャイアント馬場とアントニオ猪木は、全日本プロレス（一九七二年設立）と新日本プロレス（一九七二年設立）という二大団体をそれぞれ率い、力道山が確立したプロレスをさらに発展させた。つまり、日本の戦後復興・高度成長とともに、先述した「敗戦コンプレックス」の払拭という機能をもはやプロレスが担う必要がなくなり、屈強な巨体レスラーの身体がぶつかり合う「男」のエンターテインメントとしてのプロレスが確立したのだ。ここに、「『屈強なる大男』という一元的な物語」の下に「スポーツとしてはいささか怪しげなジャンル」（梅津 2008）が確固として表象される。つまり、小柄な日本人が大柄な外国人レスラーを打ち負かすという、初期に力道山がつくりあげた身体に関する表象の転換が起きたのだ。

しかし、二〇〇〇年代初頭には、猪木による異種格闘技路線の反動としての所属レスラーの大量離反や彼自身の金銭スキャンダルに加え、馬場の逝去なども重なり、新日本プロレスと全日本プロレスという二大団体時代が大きく揺らぎプロレスは混迷期を迎える。しかしながら、それまでと異なるキャラクターを売りにする棚橋弘至の登場により再興した新日本プロレスを中心として、今やプロレスは、女性観戦者の圧倒的な増加を大きな背景として新たなエンターテインメントの様相を示している。リング上で「愛してま〜す」と叫んだり、ましてや「一〇〇年に一人の逸材」（棚橋 2014）などと自称するレスラーは、いまだかつていなかった。

前述したように、体格的にはそれほど突出していたわけではないプロレスラーであった力道山は体格的に勝るいわゆる「外人レスラー」を倒すことによって、身体表象と強さの逆転を企てた。このような彼の戦略はプロレスへの熱狂をもたらす。その後、日本人プロレスラーの大型化が志向される中で身体表象と強さの同一化が図られる。本章では、プロレスラーの身体的現状を統計的に把握することにより、[6]今や隆盛を極めているプロレスのかたちを支えるプロレスラーの身体表象の役割を明らかにしよう。

2　プロレスラーの身体に関する資料分析の方法

プロレス雑誌である『週刊プロレス』を発行しているベースボール・マガジン社は、様々なプロレス団体所属レスラーやフリーランスのレスラーの情報を掲載した『プロレスラー全身写真名鑑』を毎年発行している。ここでは、『2016年版』(ベースボール・マガジン社 2015) から、「所属団体、選手名、身長(メートル)、体重(キログラム)、二〇一六年一月一日現在の年齢」に関するデータを取得した。なお、外国人選手、体格や年齢について非公表の選手、女性レスラーは除外した。なお、フリーランスのレスラーも基本データには含めた。

ちなみに、比較データとしてプロ野球選手とJ1リーガーを設定したが、そのために、『プロ野球選手カラー名鑑　2016』(日刊スポーツ出版社編集部+京都純典 2016) と『2016　J1&J2&J3選手名鑑』(サッカーダイジェスト 2016) から同様のデータを取得した。当然ながら全員が男性であるが、外国人選手は除外した。なお、雑誌の出版時期から、プロ野球選手およびJ1リーガーともに、いわゆ

[6] ただし、実測値ではなく雑誌データに基づく解析である。

る一軍枠かどうかや移籍可能性について無視せざるを得なかった。
以上の仕方で、一六六七名の基本データを作成した。[7] なお、プロ野球選手やJ1リーガーを比較対象とした理由は、女性層も引きつけているエンターテインメントとして成功しているからである（例えば、「カープ女子」）。

3 プロレスラーの身体に関する分析結果

(1) 身長、体重、およびBMI

身長と体重に基づいて、肥満係数であるBMI[8]を算出した。まず、三つの異なる集団間の身長、体重、およびBMIの平均値を比較するために、一元配置の分散分析[9]という統計的方法を用いた。その際、選手の年齢についても同様の分析を試みたところ、プロレスラーの年齢が他の二スポーツに比べて有意に[10]高かった。そのため、プロレスラーの年齢も加味した共分散分析[11]も実施した。[12]

身長と体重については、興味深い有意差が検出された。身長では「プロレスラー ＜ J1リーガー ＜ プロ野球選手[13]」、体重では「J1リーガー ＜ プロ野球選手 ＜ プロレスラー」という傾向があり、プロレスラーは確かに体重の点では重いが、身長の点では高くないのである。BMIも有意な効果があり、「J1リーガー ＜ プロ野球選手 ＜ プロレスラー」の傾向が見られた。

プロ野球選手やJ1リーガーとの比較から、プロレスラーの体型に関する次の二つの特徴が浮き彫りになった。ⓐプロレスラーは体重の点では巨体といえるが、決して長身揃いという訳ではない、ⓑプロレスラーの大半が肥満体型である。

次に、ＢＭＩに基づいて体型を標準的方法[14]に従って三分類した（表Ⅱ-1）。プロレスラーの大半（九三・三四パーセント）が「肥満」体型に属するのである。対照的にＪ１リーガーは大半（九

[7] プロレスラー三九一名。プロ野球選手八〇七名。Ｊ１リーガー四六九名。

[8] Body Mass Index：体重（キログラム）÷身長（メートル）の二乗。

[9] 複数サンプルから得た平均値の差異を統計的に検討する方法。

[10] 「有意」という統計的用語は、解析対象としたデータから明確な差異があると結論してよいと簡潔に理解してもらえば、ここでは十分である。

[11] この分析によって、年齢の影響を統計的に排除した結論を得ることができる。つまり、体格における差異が年齢を超えて現れるかどうかを見ることができる。

[12] 分析の結果については詳しく知りたい方は巻末の資料1を参照されたい。

[13] 下に示すほど、平均値が高いことを表す。以下同様。

[14] 低体重：BMI＜18.5。普通体重：18.5≦BMI＜25。肥満：BMI≧25。三好（2019）参照。

表Ⅱ-1　BMIに基づく体格分類

	低体重	普通体重	肥　満	合　計
プロレスラー	1	25	365	391
プロ野球選手	0	379	428	807
J1リーガー	0	461	8	469
合　計	1	865	801	1667

表Ⅱ-2　巨体選手の人数

	巨　体	非該当	合　計
プロレスラー	77	314	391
プロ野球選手	11	796	807
J1リーガー	0	469	469
合　計	88	1579	1667

巨体の定義：180 cm 以上かつ100 kg 以上

八・二九パーセント）が「普通体重体型」である。ちなみに、日本人の場合、男性で一般的に「肥満体型」の増加、とりわけ若年女性における「低体重体型」の増加（痩せ志向性）が問題視されている（諸井・小切間 2008）。

以上の分析から、プロレスラーは、巨体というよりも過度に体重を増やすことにより、その大きさを印象づけていることになる。

なお、ＢＭＩは体型のバランスの指標ともいえ、この値が高くても必ずしも巨体とはいえない。そこで「一八〇センチ以上かつ一〇〇キログラム以上」[15]を巨体と定義して三種類の集団間の比較を試みた（表Ⅱ-2）。プロレスラーのうち一九・六九パーセントが巨体カテゴリーに属していたが、他のプロ・スポーツでは巨体の者はまれであった。

（2）プロレス団体間比較

次に一〇名以上の所属選手を抱えるプロレス団体に限定して、身長、体重、およびＢＭＩの

表Ⅱ-3　中規模以上のプロレス団体所属選手における巨体人数

	巨体	非該当	合計
DDT	1	34	35
DRAGONGATE	0	35	35
K-DOJO	1	21	22
NOAH	2	13	15
WRESTLE-1	7	14	21
ZERO1	4	7	11
みちのく	1	12	13
新日本	13	13	26
全日本	7	5	12
大日本	3	13	16
合　計	39	167	206

巨体の定義：180 cm 以上かつ100 kg 以上

平均値が団体によって異なるかを統計的に検討するために一元配置の分散分析を試みた。[16] なお、団体間に有意な年齢差は認められなかったので、年齢を共変量とする共分散分析は行わなかった。

身長、体重、およびBMIすべてで所属団体の有意な効果が検出された。身長では全日本プロレス、体重では新日本プロレス、BMIでは大日本プロレスが最大値を示した。興味深いことに、DRAGONGATE[17] が三つの値すべてで最低値を見せた。

次に、巨体レスラー数の団体間比較を行った（表Ⅱ-3）。先の結果と一致して、全日本プロレスや新日本プロレスには巨体レスラーが多く所属しているが、ZERO1[18] や WRESTLE-1[19] でも巨体レスラーの割合が大きい。興味深いことに、ZERO1 や WRESTLE-1 は系譜的に新日本プロレスの流れに属する。

[15] なお、ここでの定義は恣意的である。
[16] 巻末の資料2を参照。
[17] 岡村隆志（一九六四年生～）は、一九九九年に闘龍門 JAPAN を設立した後に、二〇〇四年 DRAGONGATE に再編成。二〇一八年に岡村は退任。
[18] 新日本プロレスに所属していた橋本真也（一九六五年生～二〇〇五年没。一九八四年新日本プロレス所属）が大谷晋二郎（一九七二年生～。一九九二年新日本プロレス所属）らとともに二〇〇一年に ZERO-ONE 設立。二〇〇四年の活動停止に伴い ZERO1-MAX として継続後、二〇〇九年に ZERO1 と改称。
[19] 一九九〇年代から二〇〇〇年代にかけて新日本プロレスを牽引した「闘魂三銃士」の一人であった武藤敬司（一九六二年～）により二〇一三年に設立、二〇二〇年活動停止。

4　プロレスラーにとっての身体の意味

他の二つのプロ・スポーツ選手との統計的比較から、プロレスラーの体型に関する次の二つの特徴が検出された。ⓐプロレスラーは体重の点では巨体といえるが、決して長身揃いという訳ではない、ⓑプロレスラーの大半が肥満体型である。

ここで比較対象とした二つのプロ・スポーツでの試合は通常二時間程度を要し、とくにサッカーの場合には大きなピッチ（長さ一一五～一二五メートル、幅七八～八五メートル）を走り回ることになる。彼らの体型はそのような試合形態に適合しているのである。野球の試合でも、攻撃時には基本的にベンチ内にいることに加えて、守備位置によっても運動量が異なるなどの特長がある。

対照的に、プロレスの場合には三本のワイヤーロープで囲われた、ほぼ六メートル四方の空間が闘いの場となる。さらに、試合時間は三〇分を超えることもあるが、ほとんどがほぼ一〇分程度である。したがって、強靭化するための身体の大型化は、試合で必要とされる運動量と矛盾しない。新日本プロレスの頂点に立つオカダ・カズチカは、二〇一七年初頭に二度に渡るタイトル戦を四〇分以上闘い、ともに勝利を手にし、「新日本を背負っている」[20]ことを実証した。[21]ちなみに、先述した力道山がシャープ兄弟と闘った一九五四年の伝説的試合は六〇分三本勝負で時間切れ引き分けであった。[22]

さらに、凶器や反則攻撃の問題はここでは保留するとして、強靭な身体の形成は、攻撃時の相手に与える衝撃と防御時の緩衝の点から身体を鍛え筋肉の鎧を纏うことを意味する。[23]しかし、どのように鍛錬しても身長が伸びることはない。今やジャイアント馬場のように長身である必要は必ずしもないのである。しかし、かつて力道山が自分よりも身長でも大きなレスラーと闘う構図によって「敗戦コンプレックス」の払拭が企てられたように、身長の点でも巨体であることはプロレスがもつエンターテインメント性の重要な要素であった。

本章ではプロレス団体間の比較も行ったが、新日本プロレスや全日本プロレスとDRAGONGATEとの間に特徴的な差異が現れた。前二団体所属の選手は巨体レスラーが多く、後者は相対的に小柄なレスラーが多いのである。新日本プロレスや全日本プロレスでのレスラー募集には身長基準が設けられている。[24]これは、両団体の巨体志向を示すとともに、一定の身長さえあれば鍛錬により体重も増えるという考えに基づいていると推測できる。

対照的にDRAGONGATEは募集時に身体基準を設けていない。[25]このDRAGONGATEは、一九九七

[20] 一九八七年生～。一九一センチ、一〇七キログラム。中学卒業後に闘龍門に入門し、二〇〇四年メキシコでデビュー。二〇〇七年に新日本プロレス所属。
[21] 二〇一七年一月四日対ケニー・オメガ四六分四五秒。二〇一七年二月五日対鈴木みのる四〇分四六秒（週刊プロレス編集部 2017a：2017b）。
[22] 力道山の時代には、重要な試合では「六〇分三本勝負」という形式が一般的であった（ベースボール・マガジン社 2014）。
[23] 「試合をするうえで、体重があったほうがいいことはたしかだ」、「体を大きくしてから、今度は筋肉を落とさぬように減量して、腹筋の割れた「カッコいい体」を作る。簡単なことではないのだ」（棚橋 2014）。
[24] 新日本プロレス：「一八歳以上～二三歳以下で、身長一八〇センチ以上の健康な男子」（新日本プロレスリング 2020）。全日本プロレス：「一八歳以上～二六歳以下で、身長一七五センチ以上の健康な男子」（全日本プロレス 2020）。
[25] 「入寮可能な一八歳～二八歳までの心身ともに健康な男子であれば、どなたでも応募できます。身長や体重の制限は一切ありません」（DRAGONGATE 2020）。

年にウルティモ・ドラゴン（浅井嘉浩：一九六六年生〜。一七二センチ、八三キログラム）によって設立された闘龍門に由来する。闘龍門は、メキシコのプロレスにデビューさせるためのトレーニング組織で多くの日本人レスラーを生み出した。そこでは、空中戦、関節技や、ストレッチ技など俊敏さを特徴とするルチャリブレ（Lucha Libre：メキシカンプロレス）を叩き込まれた。募集にあたっては、身長制限は設けられなかった。この闘龍門の伝統をDRAGONGATEは受け継いでおり、当然の結果として本分析で示されたように、相対的に小柄なレスラーが所属しているのである。もちろん、「「いつ寝てるねん」って言うくらいのトレーニングの賜物」（岡村 2016）が前提である。日本人の平均的体格に近いレスラーが四角いリングを中心として闘いの物語を展開することになる。[26]

本章では、雑誌データに基づいてプロレスラーの身体的特徴に関する統計的分析を行ったが、次のように結論できるかもしれない。力道山を引き継いだジャイアント馬場やアントニオ猪木は、我々が通常はもち得ない身体をもつレスラー同士の闘いを四角いリングの中で呈示することにより、身体的な意味での虚構空間をつくりあげた。観客は、自らの身体的願望（＝強靱な大型の身体）をリングに投射することにより、リングでの闘いをこころの中で現実化した。さらには、例えば遺恨の勃発とその後の終焉というリング上での物語が観客の日常と重ね合わされ、その現実化を促進する。

対照的に、DRAGONGATEのように、外見的に我々に近い身体をもつレスラー（もちろん鍛え抜かれている点で我々の身体とは決定的に異なるが）による闘いは、外見的類似のためにリングで創出される虚構空間に心理的に没入しやすい。小柄なレスラーによる闘いは、巨体レスラーが創出する虚構空間の欠点すなわちレスラーの身体と自らの身体との乖離に関する戸惑いを抑制してくれるのだ。

DRAGONGATE の成功は、「「大きさ」という、日常人には絶対に接近不可能で、なおかつ絶対的自明性を持った肉体イメージが崩壊」していることを意味し（梅津 2008）、プロレスラーの身体に関する表象が「レスラーの肉体が織り成す技の高度化やキャラクターとコスチュームの濫立」を媒介として「一般人でも入手可能なものへと変貌」（梅津 2008）したことを意味する。これは、映画産業を中心とした「スター・システム」を論じたモラン（1976：Morin, E.）が指摘した現実存在としてのスターと一般大衆との距離感の縮減と類比できよう[27]。

ところで、合場（2013）は、二年間に亘り（二〇〇四年春〜二〇〇五年秋）女性プロレスラー二五名を対象に半構造化面接[28]を実施した。入門前からデビューに至る彼女たち自身の身体表象の変容過程が探られた。リング上に限定されず、ジェンダーの視点から「男性からの暴力」への対抗可能性の醸成についても追跡された。合場の関心は身体に関する量的分析にはないが、興味深いことに対象としたレスラーのうち大半がＢＭＩによる肥満体型であったことが付記されている。本章では男性レスラーに限定したが、現在のプロレス・ブームは女子プロレス団体の活性化によっても支えられている（第Ⅰ章参照）。したがって、女性レスラーを対象として本章で試みたような量的分析を行うことも重要であろう。

［26］厚生労働省による平成三〇（二〇一八）年度国民健康・栄養調査によれば（厚生労働省 2020）、二五歳男性の平均的体格は一七三・五センチ、七〇・三キログラムである。
［27］「神性を低落させ、スターと人間の接点を刺激し、増加させる」（モラン 1976）。
［28］半構造化面接とは、「調査テーマに関する情報収集に最も適切な特性をもった少数のインフォーマントを選び、回答の仕方や回答内容を任せる自由回答法を用いる」方法である（鈴木 2009）。

5 プロレスラーに関する身体表象のゆくえ

力道山は、ⓐ敗戦後間もない時期とⓑテレビ・メディアの日本社会への普及期という時代条件の中で、戦勝国であった米国に対するコンプレックスを身体という点では劣ることを逆手にとって、敗戦コンプレックスの克服を企んだといえる。当時中学生であった村松（2000）は、シャープ兄弟 対 力道山の激闘を「近所の電気屋の茶の間」におかれたテレビで観戦し、「力道山ならアメリカに勝てる」という気分を共有していたことを回顧している。[29]

しかし、一九六四年の東京オリンピック開催に象徴される経済的復興とともに日本人の敗戦感覚は希薄化した。当然、力道山による初期の企ても無意味化し、むしろジャイアント馬場やアントニオ猪木などの大型日本人レスラーにより身体上のコンプレックスが払拭されてしまう。ところが、この巨体志向性は、プロレス空間の男性的色彩の強化となり、エンターテインメントとして重要な女性ファンへの拡がりに限界を課すこととなった。もちろん、先述した二〇〇〇年代初頭の低迷は様々な複合的要因によっているが、プロレスの巨体志向性が特別な身体をもつ者たち（例えば少なくとも一八〇センチ以上）に限定された闘いを象徴するために、先述したような平均的身体をもつ人たちにとってプロレス空間の虚構から現実への心理的転化が生じにくくなったともいえる。その結果、観客の既存層の離反が生じ、新たな顧客（とりわけ女性層）の参入も少なく、全体として衰退したのかもしれない。

例えば、「文化系プロレス」[30]（高木 2008）を標榜し、多くの女性観客を動員しているＤＤＴの中心レスラーであるHARASHIMAは、決して巨体ではない。[31] HARASHIMAは、俊敏で鋭い蹴り技や関節技などにより醸し出される「残虐さ」と対照的な優しい顔立ちの選手である。さらに、アイドル・キャラクターという位置づけを確立している勝俣瞬馬[32]に至ってはその体格は平均的な若年男性と変わらない。要するに、ＤＤＴの観客は、巨大な身体を武器とした闘いよりも、身体的には現実化しやすいプロレス空間という虚構を現実として体験しているのだ（例えば二〇一六年一二月四日エディオンアリーナ大阪第一競技場大会、写真Ⅱ-1：現場観察）。

ちなみに、ＤＤＴの中心レスラーであるHARASHIMAは、いわゆる大学（帝京大学）の「プ

[29]「そこで力道山が打ちのめした相手が戦勝国のアメリカ人」（村松 2000）。
[30]一九七四年生〜。一七八センチ、九〇キログラム。帝京大学のプロレス研究会を経て二〇〇一年にデビュー。
[31]ちなみにＤＤＴも募集に身体基準を設けていない（ＤＤＴプロレスリング 2018）。
[32]一九九二年〜。一六七センチ、七〇キログラム。二〇一三年ＤＤＴ所属。

写真Ⅱ-1　DDTにおけるエンターテインメント性溢れる試合
（2016年12月4日「エディオンアリーナ大阪第1競技場」大会：著者撮影）

ロレス研究会」出身である。新日本プロレスの中心レスラーの棚橋も同様である（立命館大学「プロレス同好会」）。力道山が関脇まで上り詰めた大相撲力士であったこともあり、かつてはプロレスラーといえば大学や高校などで何らかの格闘系スポーツに本格的に取り組んでいた[33]。大学での「学生プロレス」は、体育会系というよりも「ショー」的色彩を帯び、学園祭などで観客を楽しませることを主目的とした団体である。興味深いことに、「学生プロレス」出身者として後々大成功を収める棚橋も新日本プロレス入団後も「学生プロレス」出身に引け目を感じていたことを吐露している[34]。

しかし、棚橋やHARASHIMAのプロレスラーとしての成功により、「学生プロレス」も一つのプロレスとして一般的に認知され、もはや違和感をもたれなくなっている。例えば、大阪を中心として活動しているプロレスリング紫焔[35]は、今やほぼ月に一回有料興行を行い若年女性層を中心に多くのファンを

写真Ⅱ-2　大阪に根ざすプロレスリング紫焔
（2017年１月22日「大阪・アゼリア大正」大会：著者撮影）

獲得している（写真Ⅱ-2、二〇一七年一月二二日「大阪・アゼリア大正」大会、現場確認）。当然、出場レスラーの大半は身体的には平均的体格である。プロレスリング紫焔のように、地方に根ざし、「プロ」と「アマ」の境界に位置するプロレスも活況を呈しているのだ（たこ焼きマシン 2016）。巨体という身体表象を必ずしも必要としないプロレスのかたちが次章でもふれる地方インディーズ団体の創出につながるといえよう。

プロレスラーの身体的特徴に関する分析を試みた本章では、「プロレスラーは必ずしも大きくない」という結論が得られた。身体を重要な要素として構成されたプロレス空間では、巨体レスラーは観客に驚愕を与える。しかしながら、エンターテインメントとしての成熟という観点からはそれだけでは不十分である。小柄であったとしてもそのレスラーが試合で創り出す物語が観客に現実の感動を喚起するのだ。例えば、「TORU自主興行[36]」の第五試合として組まれた大日本プロレスのエースでありボディビ

[33] 相撲、柔道、アマチュア・レスリングなど。ちなみに、プロ野球選手であったジャイアント馬場やブラジル移民であったアントニオ猪木は当時としては例外的である。両者ともに力道山に身体の大きさを買われたのだ。
[34]「僕は、デビューまで「学生プロレス出身」という経歴を隠していた」（棚橋 2014）。
[35] 大阪学院大学プロレス研究会出身の佐原英司（一九七九年〜。リング名キアイリュウケンエッちゃん）により二〇一〇年に設立。
[36] 二〇一六年一〇月二三日世界館。当時、道頓堀プロレス所属の若手レスラーであったTORU（一九九一年生〜。一八〇センチ、九〇キログラム。大阪学院大学プロレス研究会を経て二〇一三年道頓堀プロレス所属。二〇一九年TTTプロレスリングに移籍）によって主催。
[37] 一九八一年生〜。一七五センチ、一二〇キログラム。一九九九年に大日本プロレス所属。
[38] 一九七八年生〜。一七〇センチ、八〇キログラム。一九九八年にみちのくプロレスに入門、翌年退団。その後大阪プロレスやDRAGONGATEなど様々な団体で活躍、大阪のレジェンド覆面レスラーの一人。

写真Ⅱ-3 「TORU 自主興業」において巨大な壁に立ち向かう大久保寛人選手
（2016年10月23日「大阪・世界館」大会：著者撮影）

写真Ⅱ-4 「TORU 自主興行」における TORU の敗北（vs HUB）
（2016年10月23日「大阪・世界館」大会：著者撮影）

ルで鍛え上げた関本大介とプロレスリング紫焔所属の若手レスラーである大久保寛人（一九九一年生〜）。一七〇センチ、八〇キログラム）との闘いは典型的である。観客は、最初は嘲笑と戸惑いを示したが、最終的には大久保に声援を送り、彼の敗北にもかかわらず大きな感動に浸った（写真Ⅱ-3：現場観察）。あたかも、決して乗り越えることができない大きな壁に観客自身が立ち向かっているような悲壮な現実感と気概が生じたのだ。ちなみに、この自主興行のメイン・イベントで、ＴＯＲＵは、プロレスを志した頃からの憧れである覆面レスラーＨＵＢに挑み敗れた（写真Ⅱ-4）。体格において勝るＴＯＲＵもＨＵＢへの憧れという大きな壁を乗り越えることができなかった。これも、プロレスのかたちにおける身体表象の働きといえよう。憧れという心理的要素が体格差を逆転することを観客は受容するのだ。[37][38]

付　記

（1）雑誌データの整理にあたっては、板垣美穂さん（同志社女子大学・大学院・生活デザイン専攻修士課程二〇一二年度修了）が尽力した。

（2）データの統計的解析のために、*IBM SPSS Statistics version 22.0.0.1 for Windows* を利用した。

引用文献

阿部和重（2012）『幼少の帝国――成熟を拒否する日本人』新潮社
アドラー（Adler, A.）／高橋堆治（訳）（1980）『子どもの劣等感――問題児の分析と教育』誠信書房
合場敬子（2013）『女子プロレスラーの身体とジェンダー――規範的「女らしさ」を超えて』明石書店

バルト（Barthes, R.）／篠沢秀夫（訳）（1967）『神話作用』現代思潮社
ベースボール・マガジン社（編）（2014）『日本プロレス全史――１８５４年～２０１３年の闘いの記録　１６０年の歩み』ベースボール・マガジン社
ベースボール・マガジン社（編）（2015）『２０１６　プロレスラー全身写真名鑑（週刊プロレス別冊）』ベースボール・マガジン社
猪瀬直樹（2013）『欲望のメディア』小学館文庫
水間玲子（2000）「劣等感」久世敏雄・齋藤耕二（監修）『青年心理学事典』福村出版、二一三頁
モラン（Morin, E.）／渡辺 淳・山崎正巳（訳）（1976）『スター』法政大学出版局
諸井克英・小切間美保（2008）「女子青年におけるダイエット行動におよぼす痩身モデルの影響」『総合文化研究所紀要』、(25)、五八-六七
村松友視（2000）『力道山がいた』朝日新聞社
日刊スポーツ出版社編集部＋京都純典（2016）『プロ野球選手カラー名鑑２０１６』日刊スポーツ新聞社
岡村隆志（2016）「ドラゴンゲート――団体発足時から女性に人気。最近はお子さんも。」『Sports Graphic Number Plus』（AUGUST 2016）文藝春秋、八〇頁
サッカーダイジェスト（編）（2016）『２０１６　Ｊ１&Ｊ２&Ｊ３　選手名鑑』日本スポーツ企画出版社
鈴木敦子（2009）「面接法」日本社会心理学会（編）『社会心理学事典』丸善、五二四-五二五頁
週刊プロレス編集部（2017a）「死闘初め」『週刊プロレス』(No. 1886)、四-七頁
週刊プロレス編集部（2017b）「新日本という大海原」『週刊プロレス』(No. 1890)、四-一〇頁
高木三四郎（2008）『俺たち文化系プロレスＤＤＴ』太田出版
たこ焼きマシン（2016）『ローカルプロレスラー図鑑＋２０１６』たこ焼きマシン.com
棚橋弘至（2014）『棚橋弘至はなぜ新日本プロレスを変えることができたのか』飛鳥新社

梅津顕一郎（2008）「プロレスの肉体――日本的プロレスラーらしさとその解体をめぐって」池井 望・菊 幸一（編）『「からだ」の社会学――身体論から肉体論へ』世界思想社、一五四-一八三頁

牛島秀彦（1995）『力道山――大相撲・プロレス・ウラ社会』第三書館

［インターネット・サイト］（最終確認日：二〇二〇年一二月一五日）

ＤＤＴプロレスリング（2018）「ＤＤＴプロレス練習生募集のお知らせ」https://www.ddtpro.com/news/600

DRAGONGATE（2020）「ドラゴンゲート２０２０年度新人選手候補生２次募集開始のお知らせ」http://spora.jp/dragongate/posts/617153

国立健康・栄養研究所（1954）「『昭和29年度国民栄養の現状』レポート」https://www.nibiohn.go.jp/eiken/chosa/kokumin_eiyou/1954.html

厚生労働省（2020）「平成30年国民健康・栄養調査報告」https://www.mhlw.go.jp/stf/seisakunitsuite/bunya/kenkou_iryou/kenkou/eiyou/h30-houkoku_00001.html

三好美紀（2019）「ＢＭＩ」（ｅ-ヘルスネット）https://www.e-healthnet.mhlw.go.jp/information/dictionary/metabolic/ym-002.html

新日本プロレスリング（2020）「新日本プロレス入門テスト」http://www.njpw.co.jp/test

全日本プロレス（2020）「２０２１年度　新練習生募集!!」http://www.all-japan.co.jp/練習生募集！！

III章

興行としてのプロレスのかたち

広辞苑によれば、プロレスとは「興行として行う職業レスリング」（新村 2018）と説明される。つまり、プロレスは、一定の入場料を払いプロレスを観戦する人々を前提とした収益により成立するのである。プロレスの低迷や隆盛という用語は、金銭を対価としてプロレス興行に集う人々の変動に対応しているといえよう。もちろんテレビ・メディアの働きや（猪瀬 2013）、インターネット時代を背景とした興行のネット配信システムの普及・浸透も重要であることはいうまでもない（サイバーエージェント傘下のAbemaTVによったＤＤＴ興行のネット配信など）。しかしながら、本書ではプロレスのかたちの基本形はいわゆる「生観戦」にあると仮定している。[1] その上で、様々なプロレス団体が営む興行を観客数（「生観戦」の規模）に関する統計的分析によって把握し、現在起きているプロレス・ブーム（ＮＨＫ 2018 など）の様態を考察することにしよう。

1　プロレス・ブームのかたち

二〇一九年春にインターネットを利用してスポーツ雑誌（「Number」編集部 2019）が行ったプロレスラーの人気投票を見ると（表Ⅲ-1）、上位六位までを新日本プロレス所属のレスラーが占めた。得点を見ても人気の上では、新日本プロレスの「一人勝ち」であることが確認できる。

［1］この仮定は、最終章の図Ⅴ-4で呈示したプロレスのかたちに基づいている。「生観戦」の経験こそファンたちがこのかたちに組み込まれていることを体感できるからである。

ところで、第二次世界大戦後にわが国で最も成功を収めているプロ・スポーツであるプロ野球が毎夏開催するセ・パオールスターゲーム出場メンバー選出のために投票が行われている。二〇一九年の結果を見ると（表Ⅲ-2）、セントラルリーグでは、鈴木選手（広島）が四八万以上を獲得し投票数では一位であった。四〇万を越える投票を得た選手は他に三選手存在し（坂本（讀賣）、山田（ヤクルト）、梅野（阪神））、決して鈴木選手の「一人勝ち」ではない。他方、パシフィックリーグでは、五〇万以上を得た山川選手（西武）を筆頭に、秋山選手（西武）が五〇万以上で第二位となり、レアード選手（ロッテ）や森選手（西武）が四〇万以上を獲得した。つまり、セントラルリーグでは特定球団への偏りがないが、パシフィック

表Ⅲ-1　Number プロレス総選挙 THE FINAL top10
（「Number」編集部（2019）に基づき作成）

選手名	所属団体	得点**	デビュー団体
棚橋弘至	新日本プロレス	23,350	新日本プロレス
内藤哲也	新日本プロレス	22,740	新日本プロレス
オカダ・カズチカ	新日本プロレス	12,643	闘龍門
SANADA	新日本プロレス	10,959	全日本プロレス
飯伏幸太	新日本プロレス	10,481	DDT
高橋ヒロム	新日本プロレス	7,299	新日本プロレス
黒潮“イケメン”二郎	フリー	7,033	SMASH
丸藤正道	NOAH	5,020	全日本プロレス
カイリ・セイン（宝城カイリ）*	WWE	4,942	スターダム
宮原健斗	全日本	4,849	健介オフィス

2019年4・5月にネット投票：総投票者数55,222人

*　女性レスラー（投票にあたっては男女の別は設定されていない）

**　回答者1人につき1～3位まで投票⇒1位（3ポイント）、2位（2ポイント）、3位（1ポイント）で集計

リーグの場合には西武ライオンズ所属選手への投票が顕在化している。

二〇一八年度のセ・パ公式戦の開催球団別観客数を見ると（表Ⅲ-3）、セントラルリーグでは、東京ヤクルトスワローズ以外の五球団はいずれも二〇〇万人に達しており、讀賣ジャイアンツと阪神タイガースの二球団が三〇〇万人近くを動員した。対照的にパシフィックリーグのほうでは、福岡ソフトバンクホークスが二五〇万人を上回ったが、他の五球団は一六〇万〜一九〇万人台であった。ファンによる評価という点では人気が分散しがちであったセントラルリーグは、大都市に本拠地をおくことにメリットがある年間観客数において、極端な分極化を示さなかった。他方、興味深いことに、パシフィックリーグを見ると、ファンによる評価と年間観客数という点で異なる球団への偏在化が存在するといえよう。

表Ⅲ-2　プロ野球「マイナビオールスターゲーム2019」におけるファン投票の結果
（日本野球機構（2019a）に基づき作成）

	セントラルリーグ			パシフィックリーグ		
先発投手	大瀬良大地	広島	257,168	千賀滉大	ソフトバンク	260,211
中継投手	P. ジョンソン	阪神	364,233	宮西尚生	日本ハム	304,380
抑え投手	山﨑康晃	横浜	394,734	松井裕樹	楽天	337,789
捕手	梅野隆太郎	阪神	420,640	森友哉	西武	425,723
一塁手	岡本和真	讀賣	308,401	山川穂高	西武	531,187
二塁手	山田哲人	ヤクルト	424,435	浅村栄斗	楽天	384,668
三塁手	村上宗隆	ヤクルト	376,036	B. レアード	ロッテ	431,395
遊撃手	坂本勇人	讀賣	424,557	今宮健太	ソフトバンク	348,794
外野手	鈴木誠也	広島	485,526	秋山翔吾	西武	514,262
外野手	近本光司	阪神	389,868	吉田正尚	オリックス	394,866
外野手	筒香嘉智	横浜	319,896	柳田悠岐	ソフトバンク	331,338
指名打者				近藤健介	日本ハム	287,249

投票方法：公式投票用紙、郵便はがき、Web 投票；両リーグ別にポジションごとに投票可能（パシフィックリーグのみ指名打者）、最大23名
投票期間：2019年５月24日〜６月16日

本書の主題であるプロレスの場合には、先述したようにファンによる評価を見ると新日本プロレスへの極端な偏りが見られた（表Ⅲ-1）。近年言及されることが多くなったプロレス・ブーム（NHK 2018など）が新日本プロレスの「一人勝ち」によるとすれば、エンターテインメントとして特殊な状況にあることになる。元々地域密着のエンターテインメントとしてプロ化を図ったJリーグはともかく、プロ野球ももはや讀賣ジャイアンツの「一人勝ち」の状況ではないからである。本章の目的は、各プロレス団体が開催する興行における観客数を統計的に分析することにより、いわゆるプロレス・ブームの状況を客観的に把握することである。

2　プロレス興行に関する資料分析の方法

この章では、以下に述べる方法で二〇一八年（一月～一二月）にわが国で開催されたプロレス興行の観客数を収集した。インターネット時代を反映して各プロレス団体では、自団体のインターネット・サイトを開設している。「ニュース」、「試合日程」、

表Ⅲ-3　2018年セ・パ公式戦における主催球団別観客数
（日本野球機構（2019b）に基づき作成）

セントラルリーグ		パシフィックリーグ	
球団	観客数	球団	観客数
讀賣ジャイアンツ	3,002,347	福岡ソフトバンク	2,566,554
阪神タイガース	2,898,976	北海道日本ハム	1,968,916
広島東洋カープ	2,232,100	埼玉西武	1,763,174
中日ドラゴンズ	2,146,406	東北楽天	1,726,004
横浜 DeNA	2,027,922	千葉ロッテ	1,665,133
東京ヤクルト	1,927,822	オリックス	1,625,365

「試合結果」や、「所属レスラー・プロフィール」などを基本内容とし、団体によっては「グッズ販売」や「会員限定サイト」なども含んでいる。「試合結果」には、これまでに団体が主催した興行ごとにⓐ開催日時、ⓑ大会名、ⓒ開催施設、ⓓ各試合の結果（時間、決め技など）が掲載されている。これらに加え、大半の団体サイトには、当該の大会での観客数も載せてある。ここでは、各団体によって開催された二〇一八年興行（一月〜一二月）における観客数をサイト上から入手することにした。[2]

その結果、九団体を分析対象とした（表Ⅲ-4）。二〇一八年の「試合結果」欄に観客数が明示されていることを第一条件として選択した。力道山が創設した日本プロレスの系譜に位置づけられるメジャー団体として（第Ⅱ章参照）、新日本プロレス、全日本プロ

[2] 分析対象とした各団体のインターネット・サイトを章末に示す。

表Ⅲ-4　分析対象とした団体*

新日本プロレス	1972年にアントニオ猪木（1943年生〜）が設立
全日本プロレス	1972年にジャイアント馬場（1938〜1999年）が設立
大日本プロレス	1994年に「全日本プロレス」所属であったグレート小鹿（1942年生〜）を中心に設立
DDT	1997年に高木三四郎（1970年生〜）らを中心に設立
DRAGONGATE	2004年に岡村隆志（1964年〜）を中心に設立
FREEDOMS	2009年に佐々木貴（1979年生〜）が設立
みちのくプロレス	1992年にザ・グレート・サスケ（1969年生〜）が設立
プロレスリング紫焔	2010年に大阪学院大学「プロレス研究会」出身の佐原英司（1979年〜）が設立
九州プロレス	2008年に筑前りょう太（1973年生〜）が設立

* ここでは経営体制の変化は無視し、団体名称ブランドの継承を重視した。

レス、大日本プロレスを対象にした。これと同等の位置づけをもつプロレスリング・ノア（二〇二〇年一月よりＤＤＴグループ）、ZERO1 や WRESTLE-1（二〇二〇年二月無期限活動休止）も含めるべきであるが、これらの団体では前述のサイト上に観客数の記載がない興行が多く見られたので対象とせず、先の三団体を選んだ。

さらに、力道山による系譜からは外れるが全国展開している団体を三団体取り上げた。大学における学生プロレスにルーツをもち近年急激に人気を得ているＤＤＴ、[3] 元々は神戸を中心に展開していたがルチャ・リブレ（Lucha Libre）をベースとした試合内容がアイドル的人気を創出し全国展開を企図し成功を収めている DRAGONGATE、[4] さらに、いわゆるインディーズ系の雄としてデス・マッチ系としても一定の人気をもつ FREEDOMS も対象にした。

最後に、特定地域に活動拠点をおく地域密着型プロレス団体を三団体選んだ。岩手県を基盤として東北中心の展開を図っているみちのくプロレス、[5] 学生プロレスをルーツとして大阪市を中心に展開しているプロレスリング紫焔、福岡市を基盤として九州で展開している九州プロレスである。[6]

ただし、地域密着型の団体では地域の賑わいに対する貢献などのため無料興行も積極的に開催しており、通常の団体でも無料興行を行っている。この無料興行への参加人数は記載されていないので、ここでは各団体が行っている有料興行のみを分析対象とした。

3　プロレス興行に関する分析結果

(1) 各団体の観客数――全体分析

二〇一八年における各団体の観客数をいくつかの観点から分析した(表Ⅲ-5)。まず、一年間の観客動員数を見ると、新日本プロレスが四〇万人を超え圧倒的な集客数であった。一四万人を上回ったDRAGONGATEと、八万人を超えた全日本プロレスが続いた。DDTや大日本プロレスは五万人台であった。興行数から見ると、DRAGONGATEが最も多く、新日本プロレスを一〇興行ほど上回った。これに、大日本プロレス、全日本プロレス、DDTと続いた。一興行あたりの観客数は、年間動員数とほぼ同じで、新日本プロレス、DRAGONGATE、全日本プロレス、DDT、大日本プロレスの順であった。FREEDOMSの場合には、以上の五団体に比べ、興行数も少なく、一興行あたりの平均動員数も中規模以下の施設が多いことを反映して少なかった。

地域密着型三団体を見ると、みちのくプロレスの動員力の高さが浮き彫りになった。地域密着型のプロレスの老舗ともいえるこの団体は、東北地方だけでなく、東京や関西、さらに台湾でも興行を行って

---

[3] なお、DDTプロレスリングは、分析時点では、DDT、東京女子プロレス、BASARA、ガンバレ☆プロレスという特徴の異なる四ブランドを展開していたが、DDTという名称での興行のみを対象とした。なお、BASARAは二〇二〇年一月よりDDTプロレスリングから独立。

[4] 佐々木貴が二〇〇九年に設立。佐々木(一九七五年生~)は、文教大学在学中にIWA格闘志塾に所属し、卒業後DDTを経てアパッチプロレス軍所属。

[5] ザ・グレート・サスケ(一九六九年生~)。一時期岩手県議会議員)が東北地方でのプロレス振興を目的として一九九二年に岩手県に設立。

[6] 筑前りょう太(一九七三年生~)が二〇〇七年に福岡市にNPO法人として設立。筑前りょう太は、九州産業大学プロレス研究会に所属し、卒業後メキシコでプロレス修行。二〇〇二年にKAIENTAI DOJOに所属。

おり、安定した地域ブランドを保有するがゆえの展開といえる。九州プロレスも興行数はほぼ一ヵ月に二回程度であるにもかかわらず一興行あたり四〇〇名程度の動員数を誇っている。

次に、興行ごとの観客規模の点から各団体の集客状況を分析した（表Ⅲ-6）。観客数に基づく分析（表Ⅲ-5）で抽出された傾向がより顕在化した。新日本プロレスでは一〇〇〇人以上の興行が大半を占め（九三・六パーセント、一五六回中の一四六回）、まさに「一人勝ち」の状況がさらに浮き彫りになる。新日本プロレスが一万人以上集客した四興行（表Ⅲ-7）を見ると、東京ドーム大会を除く三興行で満員となっている。対照的に、これに追随するDRAGONGATEや全日本プロレスでは、一〇〇〇人以上の興行はそれぞれ二二・九パーセント（一六六回中の三八回）、一七・六パーセント（一三六回中の二四回）であった。この二団体による興行規模は「五〇〇人以上～一〇〇〇人未満」が中心である。[7]

表Ⅲ-5　2018年における各団体の観客動員の状況

団体	興行数	満員興行数	平均観客数	*SD*	年間合計	最小観客数	最大観客数
新日本プロレス	156	110	2653.09	3339.41	413,882	364	34,995
全日本プロレス	136	94	637.32	470.54	86,675	141	2,458
大日本プロレス	141	43	368.52	455.87	51,961	35	3,880
DDT	109	85	514.81	835.07	56,114	120	6,259
DRAGONGATE	166	128	876.34	690.12	145,472	268	4,952
FREEDOMS	42	7	364.19	342.52	15,296	40	1,654
みちのく	79	39	358.94	353.74	28,356	20	1,888
プロレスリング紫焔	13	4	164.92	45.85	2,144	108	260
九州プロレス	25	9	430.96	411.81	10,774	122	2,210

興行開催時期：2018年１月～2018年12月
SD：標準偏差値（データ全体のばらつきの程度を表す指標）

表Ⅲ-6　2018年の各団体の観客規模別興行数

	観客規模											
	100人未満	200人未満	300人未満	400人未満	500人未満	1,000人未満	2,000人未満	3,000人未満	4,000人未満	5,000人未満	10,000人未満	10,000人以上	合　計
新日本プロレス				1	2	7	98	12	11	8	13	4	156
全日本プロレス		3	21	32	19	37	22	2					136
大日本プロレス	14	46	31	17	8	16	7	1	1				141
DDT		26	34	18	5	10	13	1			2		109
DRAGONGATE			2	12	26	88	33		3	2			166
FREEDOMS	6	9	11	5	1	8	2						42
みちのくプロレス	19	2	20	12	9	12	5						79
プロレスリング紫焔		10	3										13
九州プロレス		6	4	5	5	4		1					25
合計	39	102	126	102	75	182	180	17	15	10	15	4	867

表Ⅲ-7　新日本プロレスにおける観客数が1万人以上の興行

開催日	施設	観客数	満員
1月4日	東京・東京ドーム	34,995	
6月9日	大阪・大阪城ホール	11,832	満員
8月11日	東京・日本武道館	12,023	満員
8月12日	東京・日本武道館	12,112	満員

（2） 満員の定義

プロレス興行の観客数に関する問題は、プロレス団体側と観客側の視点からは異なった結論になる。

団体側からは多数の集客が可能な施設での興行のほうがコストパフォーマンスの点で望ましい。しかし、どのくらいの観客を動員できるかを前もって勘案しないと、空席の多い興行になり、施設賃料も含め収益上望ましくない結果が発生する。そこで、過去の実績や当該興行への参加選手の人気度などを考慮しながら、施設規模を決定しなくてはならない。これが、三〇〇人以下の規模の施設でも開催されることがある理由である（表Ⅲ-6参照）。

逆に、観客側の視点からは、小規模施設であるためにチケットが入手できないことは、当該団体の観戦価値を高めることもある反面、観客側の不満につながり当該団体への興味の減退を招くかもしれない。また、そこそこの規模の施設で開催された時に、集客が見込みほどでなく多数の空席が存在することも

写真Ⅲ-1　ダブプロレスの「大阪・世界館」大会における開場直後の風景
（観客198人満員；2019年８月12日：著者撮影）

ある。この場合、観客側に「この団体は人気がないのでは」という疑問を生じさせることになる。

以上のいわば難問は、ⓐ席数の調整やⓑ立見ゾーンの導入によって多くの場合解決できる。プロレスが行われる会場は、基本的に中央にリングを設置しそれを囲むようにパイプ椅子が配置される。横に椅子をどのくらい並べるのかや、列間の距離の詰め具合によって、総席数を調整できる。さらに、後方部分に立見ゾーンを設けることにより観客数を増やすことも可能である。東京・後楽園ホールは、基本部分が固定椅子となっているが、リング付近にパイプ椅子が置かれ、さらに二階バルコニー部分を立見ゾーンとすることもできる。大阪・世界館も基本部分が固定椅子となっているが、リングの周囲に加え正面舞台にもパイプ椅子を設置可能である[8]。以上のよ

［7］DRAGONGATE：五三・〇パーセント（88/166）／全日本プロレス：二七・二パーセント（37/136）。

［8］写真Ⅲ-1。同じ仕様の公共ホールも多くある（写真Ⅲ-2）。

写真Ⅲ-2　プロレスリング紫焔の「大阪・東成区民センター」大会における開場直後の風景（観客155人；2019年８月11日：著者撮影）

写真Ⅲ-3　DDT の「エディオンアリーナ大阪第 2 競技場」大会における開場直後の風景
（観客678人満員；2019年 9 月 1 日：著者撮影）

写真Ⅲ-4　大日本プロレスの「大阪・すみのえ舞昆ホール」大会における開場直後の風景（観客232人；2019年 8 月18日：著者撮影）

うな調整によって、観客側に「満員感覚」を生じさせることができるのである。

つまり、同一施設の興行であっても満員となる観客数が異なることになる。例えば、エディオンアリーナ大阪第二競技場の場合、[9]もともと固定椅子がなくリングを中心にパイプ椅子が配置され、興行によっては立見も設けられる。そのため、団体や興行によって満員の定義が異なっている（表Ⅲ-8）。DRAGONGATEでは一三〇〇名を上回る状態で、

表Ⅲ-8　同一施設における「満員」の定義の違い
（「大阪・エディオンアリーナ第2競技場」を例として）

団体	開催日	観客数	満員
新日本プロレス	1月16日	1,150	満員
新日本プロレス	3月1日	1,011	満員
新日本プロレス	12月2日	1,063	満員
全日本プロレス	2月25日	845	満員
全日本プロレス	4月20日	512	
全日本プロレス	4月21日	865	満員
全日本プロレス	9月24日	715	満員
全日本プロレス	12月8日	726	満員
大日本プロレス	3月31日	482	
大日本プロレス	7月21日	475	
DRAGONGATE	1月14日	1,300	満員
DRAGONGATE	3月3日	1,350	満員
DRAGONGATE	3月4日	1,500	満員
DRAGONGATE	5月19日	1,500	満員
DRAGONGATE	8月11日	846	
DRAGONGATE	9月15日	824	
DDT	5月27日	625	満員

［9］写真Ⅲ-3。中規模であるが同じ仕様の公共ホールも多くある（写真Ⅲ-4）。

新日本プロレスでは一〇〇〇人を少し上回る状態で満員とされる。しかし、全日本プロレスやＤＤＴでは六〇〇人から八〇〇人程度でも満員と定義される。このように、観客側の満足感の最大喚起をもくろむ団体側の思惑によって、当該興行の収容観客数の上限設定が調整される。

(3) 地域密着型団体の興行状況

九州プロレスの興行は、沖縄県を除く九州七県で開催されている。まさに地域密着型の興行が展開されており、半数近く（二五回中の一〇回）の興行で四〇〇人以上を集客している。

みちのくプロレスは、東北以外で一一興行を開催し、そのうち一〇興行が満員であった（表Ⅲ-9）。これは、岩手県を基盤とした地域密着型団体であることがブランド化したことによって東北以外の地域の人々に「観戦したい」という欲求を喚起していることを示唆している。みちのくプロレス設立のほぼ一

表Ⅲ-9　みちのくプロレスにおける東北以外の興行状況

開催日	施設	観客数	満員
2月17日	東京・新木場1stRING	360	満員
2月18日	大阪・大阪市生野区民センター	418	満員
4月14日	東京・新木場1stRING	360	満員
4月28日	台湾台北・海天武道館	256	満員
6月15日	東京・後楽園ホール	1,215	満員
7月7日	東京・新木場1stRING	340	満員
8月25日	東京・新木場1stRING	318	満員
9月9日	兵庫・神戸芸術センター・芸術劇場	799	満員
10月20日	東京・新木場1stRING	320	満員
11月26日	東京・新木場1stRING	135	
12月21日	東京・後楽園ホール	1,511	満員

〇年後に出発したDRAGONGATEの場合には、関西という大都市圏での成功をバネに全国展開を図り今や前述したように新日本プロレスを追う存在に成長した。対照的にみちのくプロレスが基盤とする東北地方には「大都市」といえる都市は仙台市しか存在しない。つまり、地域密着的展開による収益は明らかに相対的に小さい。しかしながら、みちのくプロレスの成功は、岩手県あるいは東北というブランド・イメージへの固執が逆に「売り」になっていることを表しているといえよう。したがって、設立後一〇年経過した九州プロレスも九州地方での集客状況からすると他地域への興行拡大の潜在力をもつと判断できるかもしれない。ちなみに、この団体の道程と地域との密着性は全国メディアでも取り上げられた（NNNドキュメント 2019）。

ところで、大阪市を中心とするプロレスリング紫焔は岡山市で一回だけであるが興行を開催し、成功を収めた[10]。さらに、二〇一九年初頭に東京に進出しまずまずの成果を得た[11]。この団体は、ほぼ一ヵ月に一回の頻度で大阪市内で有料興行を開催しながら、無料興行も積極的に開催しプロレスへの入り口を提供するとともに地域の賑わいに貢献している。先述したように、この団体は大学の学生プロレス研究会に元々由来しており、各興行では基本的に所属メンバーのみによってマッチ・メイクが行われる。そのため、いわゆる「ファミリー」的雰囲気が醸成されている反面、新鮮さ喪失の危険を招く。多様なレスラーを擁する新日本プロレスを除き、通常のプロレス団体ではこのマンネリ化を防ぐために折々外部レ

[10] おかやま未来ホール大会（二〇一八年五月一九日、観客数二六〇人、満員）。
[11] 東京・新木場1stRING大会（二〇一九年二月九日、観客数一九三人）。

スラーを招聘して活性化を図っている。プロレスリング紫焔では、二〇一九年春に全六試合を「プロレスリング紫焔所属選手ｖｓ中堅以上の有名レスラー」にして興行を行ったが[12]、思うほど集客できなかった。

大阪地域では、プロ化した団体やセミ・プロ化した団体がひしめいている[13]。このような状況で、プロレスリング紫焔は、地域密着型の呪縛と閉鎖的なマッチ・メイクからの解放の岐路に立っているといえよう。

4　エンターテインメントとしてのプロレス興行の多様性

本章では、興行観客数を統計的に分析することによるいわゆるプロレス・ブームの状況の客観的把握を目的とした。

まず、観客数や興行規模に関する分析は、新日本プロレスの「一人勝ち」状況を明確に示した[14]。これは、先述したプロレスラーの人気投票で検出された動向（『Number』編集部 2019）と一致していた。さらにいえば、現時点では東京ドームで興行を開催できる力を誇示できる団体も新日本プロレスのみであり[15]、二〇二〇年には、二〇〇三年以来の東京ドーム二連戦を一月四・五日に開催した[16]。

ところで、東京ドームは、後楽園球場の代替施設として一九八八年三月に開業した。都心にある全天候型巨大スタジアムであることもあり、讀賣ジャイアンツの主催試合以外にもコンサートなど様々な大規模興行が行われている。ここで、この東京ドームとプロレス興行との関係を紐解こう（安田 2014）。

新日本プロレスの中心にいたアントニオ猪木の副業問題に端を発し、従来のプロレスのショー的要素を廃した闘いを目指し新日本プロレス所属レスラー中心にＵＷＦ（一九八四年設立〜一九八五年活動停止。Universal Wrestling Federation）が創設された。このＵＷＦの流れは、紆余曲折はあったものの、一九八〇年代末には「新日本、危うし」の空気をプロレス界に覆わせることになった。

このような状況に対抗して、新日本プロレスは、ペレストロイカを標榜し外貨獲得のために一流選手を「輸出」するというソ連[17]の政策に呼応して、オリンピック・メダル級のアマチュア・レスラーや柔道選手を中心とした「レッドブル」軍団を招聘した「'89格闘衛星★闘強導夢」大会（一九八九年四月）を東京ドームで開催し成功を収めた（五万三八〇〇人）。この成功を受け、一九九〇年以降、毎年東京ドーム大会を開催することになる。一九九九年、二〇〇〇年、二〇〇二年、二〇〇三年、二〇〇五年には一年に三回ほど東京ドーム大会が開催され、一九九二年からは一月四日に東京ドーム大会が行われている（安

[12] PANDORA 1st、二〇一九年四月二〇日、大阪・都島区民センター、観客数一一四人。
[13] 大阪プロレス（一九九九年にスペル・デルフィン（一九六七年生〜）が設立）、道頓堀プロレス（二〇一三年に空牙が設立）、ダブプロレス（二〇〇〇年にグンソ（一九七七年生〜）らによって広島と大阪中心に設立）、ジャパンプロレス２０００（一九九九年に守屋博昭（一九六九年生〜）により設立、大阪南部中心、二〇二〇年解散）など。
[14] さらにいえば、本章の分析では考慮しなかったチケット代金の格差（新日本プロレスでのリングサイド席は他団体のほぼ二倍）を含めると「一人勝ち」はさらに顕在化する。
[15] 二〇一八年一月四日三万四九九五人。二〇一九年一月四日三万八一六二人（満員）。
[16] 二〇二〇年一月四日四万〇〇〇八人（満員）／五日三万〇〇六三人。
[17] ソビエト社会主義共和国連邦。一九九一年崩壊後、ロシア連邦。

田 2014)。新年早々の東京ドーム大会は、ⓐ有名米国レスラーの招聘、ⓑ若年レスラーをメインにした先行投資、ⓒ他団体との対抗戦などによって活気を呈する。

しかし、二〇〇五年あたりから落ち込みが目立ち「地方興行で出た赤字をドーム興行で埋める」というマジックは消え、二〇〇五年になると新日本プロレスは経営形態の変革を迫られる。[18] 新日本プロレスは、一九九七年に団体最高売り上げ高を記録したが、その後は下降し続け、二〇一二年には一一億円にまで落ち込んだ。しかし、二〇一三年に回復しその後は上昇し、二〇一七年に三八億円とV字回復を成し遂げた。二〇一八年は過去最高の四九億円に達した（いつか 2019）。プロレス団体では伝統的にレスラーが経営責任者に就いていた。しかし、レスラーではない経営スキルに富んだ者が責任者になることにより、新たな経営感覚が持ち込まれたのである。

もちろん、新日本のV字回復は、経営体制の変革だけでなく、現場を担うレスラーの変容にも原因がある。それまでと異なるキャラクターを売りにする棚橋弘至の登場である。興行での締めの言葉は「愛してま～す」、自らを「一〇〇年に一人の逸材」と定義、棚橋はこれまでにプロレス界に伝統的に充満していた「体育会系の要素」を限りなく「ゼロ」にしたのだ（速水 2014）。これによって男性のためのエンターテインメントという概念が瓦解し、女性ファンの拡大を引き起こした（「プ女子」：広く。2014：2017）。一方で、棚橋は、「栄養学の知識もトレーニングのやり方も、科学的な手法を優先する合理主義者」（速水 2014）という恐るべき「チャラい」キャラなのだ。

興味深いことに、プロレス界でもう一方の雄であった全日本プロレスは、三回しか東京ドーム大会を開催していない。元々ジャイアント馬場は、ドーム大会への関心が薄かったのである。「全日本のファンでも東京ドームで観れますよ」という動機もあって初めて開催した東京ドーム大会（一九九八年五月：五万八三〇〇人）ではマッチメイクも「全日本らしさ」で彩られていた（小佐野 2014）。二回目は一九九九年五月に開催されたが、この年の一月に急逝したジャイアント馬場の引退記念興行となった（六万五〇〇〇人）。最後の東京ドーム大会は、「馬場三回忌追悼」を謳い、大仁田厚の里帰りや武藤敬司[19]初参戦などの話題を振りまきながら二〇〇一年一月に開催された（五万八〇〇〇人）。要するに、日本のプロレス史において新日本プロレスと並ぶ団体であったジャイアント馬場率いる全日本プロレスでさえ実質的に東京ドーム興行は一回であった。前述した二〇二〇年初頭の新日本プロレスによる東京ドーム二連戦は、本章での統計的分析が示した新日本プロレスの「一人勝ち」状況の自己誇示でもあるのだ。

本章で試みたプロレス興行に関する分析で明確になった別の二つの事柄に触れよう。ⓐ岩手県中心の地域密着型であるみちのくプロレスのブランド化、ⓑ元々は関西中心に設立されたDRAGONGATEの隆盛（＝全国的人気）。

この二団体ともに、力道山の伝統を引き継ぐメジャー団体とは異なり、いわゆるインディーズとして現れる。わが国におけるインディーズの歴史は、一九八九年に大仁田厚が設立したＦＭＷ（フロンティ

[18] 二〇〇五年「ユークス」（ゲーム開発企業）に吸収され、現在は二〇一二年に「ブシロード」（トレーディングゲーム中心の企業）の傘下にある。

[19] 一九五七年生～。一九七四年全日本プロレス入団、一九八三年試合中に左膝蓋骨粉砕骨折、一九八五年引退、一九八九年ＦＭＷ設立。一九九八年ＦＭＷを追放される。

[20] 一九六二年生～。一九八四年新日本プロレス入団、二〇〇二年全日本プロレス移籍、二〇一三年 WRESTLE-1 設立。

ア・マーシャルアーツ・レスリング）から始まるといっても過言ではない（東京スポーツ新聞社出版部 1995）。これが「九〇年代インディーの源流は「全日本プロレス」にあった」（週刊プロレス編集部 2019b）という感覚につながる。一九八四年に全日本プロレスを引退していた大仁田は、「全財産は五万円、知人から借りた三万円」という伝説の下、「痛みが伝わる人間的なプロレス」というデスマッチ路線を展開し、全日本プロレスや新日本プロレスとは根本的に異なる邪道プロレスの確立を試みた。その後、一九九一年九月には川崎球場に三万三二二一人を動員した。プロレスが成功するための必須アイテムであったテレビ中継がないことを逆手にとり、「有刺鉄線デスマッチ」に始まり「ノーロープ有刺鉄線電流爆破マッチ」など様々なデスマッチ形式が展開された。力道山は、テレビ・メディアを最大限利用することにより、エンターテインメントとしてのプロレスを確立した（猪瀬 2013）。大仁田自身は多くのバラエティー系のTV番組に積極的に出演、存在を浸透させ、インディーズの「カリスマ」となった大仁田は（観客動員においてはもはやメジャーである）、一九九五年五月川崎球場大会（五万八二〇〇人動員）で引退後も復帰-引退を反復している。大仁田は、今も様々な団体でこの「電流爆破」を繰り広げている（写真Ⅲ-5）。

　彼は、メジャー団体に所属しなくてもプロレスラーとして成功できるといういわば「ジャパニーズ・ドリーム」を体現し、多くのインディーズ団体誕生の引き金の役割を果たした（東京スポーツ新聞社出版部 1995）。「重厚な肉体を武器に、身体と身体をぶち当てていく」だけがプロレスではないという大仁田の試みは（大仁田 2000）、メジャー対インディーズといういわば格差構造を自らの身体を賭すことにより破壊したともいえる[21]。リング上に有刺鉄線、油、果ては火薬まで持ち込み己の身体を危険に曝すことによりインディーズとしての矜持を伝達した。さらにいえば、彼は、テレビ放映がない分、特異な言語を発することによって雑誌メディアを最大限利用した。[22]

大仁田の成功と入れ替わるように、地域密着型ブランドを確立したみちのくプロレスの成功を見よう。一九九三年三月に岩手県矢巾町民総合体育館で旗揚げ（一九二〇人（満員））したみちのくプロレスは日本初の地域に根ざした団体として注目され、旗揚げ試合にはテレビ九社、ラジオ一社が駆けつけた（ベースボール・マガジン社 2014a）。みちのくプロレスの概念は、大仁田のようにメジャー団体への対抗ということだけでなく、地域密着型展開にあった。この一九九三年は、「川淵三郎」のリーダーシップの下にJリーグ（日本プロサッカー

［21］「インディーを罵倒し、デスマッチを軽視し、己達だけがプロレス界のエリートだと思う奴らに、この痛みをわからせてやりたい」（大仁田 2000）。

［22］写真撮影後、例えば「デスマッチ、ヒューマニズム、生きる。この三つのキーワードで話を膨らませてよ。じゃあね。」と担当記者に投げかけるだけなのだ（小島 2019）。

写真Ⅲ–5　大仁田厚による「ストリートファイトテキサストルネードバンクハウス電流爆破マッチ」（「WRESTLE 1；WONDER CARNIVAL」；2019年12月31日「エディオンアリーナ大阪第１競技場」大会：著者撮影）

リーグ）が創設された年である。Ｊリーグ規約では、チームと地域との密着性が定義される。[23] みちのくプロレスの地域密着性の概念は、もちろん規模を比較すべきではないがこのＪリーグ創設の理念と共振しているのだ。二〇一八年でも観客が一〇〇人未満の一九興行がみちのくプロレスの設立時の概念の持続性を示しているといえよう。ちなみに二〇一八年には東北地域で一二の無料興行を開催した。[24]

次に、二〇〇四年に設立されたDRAGONGATEについて述べよう。この団体は、本章での興行分析によれば、もはや特定地域（＝神戸）への固執を超え新日本プロレスに次ぐ地位を確保しているのだ。プロレスラーの体格比較を試みた第Ⅱ章の分析によれば、DRAGONGATE所属レスラーは、身長、体重、ＢＭＩ（肥満指標）すべてで最低値を示した。この団体の試合は、空中戦、関節技や、ストレッチ技など俊敏さを特徴とするルチャ・リブレによって基本的に構成される。巨体志向のメジャー団体の間隙を突いて、見かけは観客とそう変わらない体格をもつレスラーが構成する空間は、「身体的には現実化しやすい「プロレス」空間という虚構を現実として体験している」場（第Ⅱ章参照）へと変容したのだ。つまり、DRAGONGATEの場合には、もう一つの新日本プロレスを目指すのではなく、ルチャ・リブレに加えて「イケメン」的風貌の選手たちを揃えることによって「女子受け」し、さらに「都市受け」する特徴を醸成したといえる。つまり、前述した大仁田のインディーズという矜持やみちのくプロレスの地域密着性の呪縛から自らを解放することが成功につながった。

5　「一人勝ち」状況の罠とその超克

ところで、プロレスラーの人気投票における上位五位のうち三選手は、新日本プロレスによる「純粋培養」ではない（表Ⅲ-1参照）。ただし、オカダ・カズチカは二〇〇四年に闘龍門でデビューし、二〇〇七年に新日本プロレスに移籍しているが、闘龍門でプロレスラーとしての地位を確立していたわけではない。ところが、飯伏幸太やSANADA[25]は、元々所属していた団体でトップレスラーとなり、その後、新日本プロレスに移籍した。これによって重量級戦線が活性化した。最近では、石森太二[26]や鷹木信悟[27]を獲得したが、明らかに先述したDRAGONGATEの人気を意識した企てといえよう。

本章では分析対象としなかったが、選手層においても「一人勝ち」戦略を新日本プロレスが志向しているとすれば、これは「両刃の剣」となる可能性がある。新日本プロレスに人気や実力の上でも一流の選手が過度に集結すると、一時的には強固なファン層を築くことができる。しかし、他団体の弱体化を

[23]「第21条（2）：Jクラブはホームタウンにおいて、地域社会と一体となったクラブ作り（社会貢献活動を含む）を行い、サッカーをはじめとするスポーツの普及および振興に努めなければならない」（日本プロサッカーリーグ 2012）。
[24] 三月二一日「山形市DCMホーマック落合店・屋外駐車場特設」～一〇月一三日「山形・川西町羽前小松駅前通り・駅前プロレス」。一一月～二月は地域的に屋外開催に不適なため、この期間に限定される。
[25] 一九八八年生～。二〇〇七年全日本プロレスデビュー、二〇〇三年WRESTLE-1移籍、二〇一五年フリー、二〇一五年新日本プロレス所属。
[26] 一九八三年生～。二〇〇二年闘龍門デビュー、二〇〇八年プロレスリング・ノア所属、二〇一八年新日本プロレス所属。
[27] 一九八二年生～。二〇〇四年DRAGONGATEデビュー、二〇一八年新日本プロレス所属。

惹起する危険も孕んでいる。果たして、新日本プロレスの「一人勝ち」が極限に達しても今のプロレス・ファンは持続的にファンであり続けるのだろうか。

ところで、大相撲と並びわが国の職業的スポーツの先駆けとなる日本職業野球連盟（一九三九年に日本野球連盟と改称）は、一九三六年に発足した。第二次大戦後に二リーグ制（セントラルリーグとパシフィックリーグ）となり日本野球機構（NPB：Nippon Professional Baseball Organization）として日本のプロスポーツの中心の座を占め、その中でも讀賣ジャイアンツは長きに渡り中心の座にあり多くのファンを獲得し続けた[28]。実際、この球団は、二〇一九年までで、セントラルリーグでの優勝回数は三七回、二リーグの覇者が対戦する日本シリーズを制して日本一となったのは二二回であった。さらに、一九六五年から一九七三年まで連続して日本一の座を勝ち取った（いわゆるV9）。「高騰する新人契約金の抑制と戦力均等化」を目的として一九六五年秋から導入されたドラフト制度によりチーム力の平準化が図られていき[29]、V9時代ほどのチーム力の集中化やそれに伴う人気の偏りも沈静化している[30]。

先述した大仁田が確立したインディーズの概念は、観客の少なさというよりもメジャー団体で固執されていた様式（＝かたち）のみがプロレスではないという多様性を生み出した。つまり、多様性の中の選択を可能にすることがエンターテインメントとしてのプロレスの持続的展開をもたらす。その点で、今回の分析では突出した数値を見せてはいないが、ＤＤＴの「文化系プロレス」（高木 2008）の標榜はプロレスの多様性を大仁田のように過激な仕方ではなく持続可能な形でつくり出している[31]。さらに、二〇一七年九月にインターネット広告事業などを中心に展開するサイバーエージェントグループ[32]にＤＤＴ株を一〇〇パーセント売却し、グループ内の一会社として「高木三四郎の個人商店」から脱却することを発表した（湯沢 2017）。これは、業績悪化や経営不振が原因ではない。先述のブシロードによる新日本プロレス吸収の成功を先行モデルとして計画された。その際、高木にとっては次の三条件を満たすことが重要であった。ⓐ誰もが知っている企業、ⓑ純粋にプロレスというジャンルに対する経営に魅力を感じるオーナー、ⓒ自社でメディアをもっている。「身売り」ではなくプロレス界の未来を見据えた決定を高木は行ったのだ。

ところで、本章で分析対象としたFREEDOMSの中心人物の佐々木貴は、二〇一七年八月に後楽園ホールで「プロレス戦国時代 群雄割拠 其の一」を開催した（七三五人集客）。この「地方物産展のプロレス版」は、佐々木の「地元をプロレスで盛り上げると思っていても、プロレスラーである以上、後楽園ホールでやってみたいと思っているはずだ」という信念に基づいている（小柳 2018）。試合は、結集した一〇団体ごとに構成されたが、ダブプロレスのグンソによる「オレたちをプロレスラーって認めてくれたのは、地元のツレと、そして今日オレたちを見にきてくれている一人ひとりのお客さんのおかげで、オ

[28] 讀賣ジャイアンツの試合への観客数の偏りや、パシフィックリーグ主催試合での観客数の少なさなどのNPB全体としての問題を孕んでいた。
[29] しかし、この制度は、日本国憲法二二条の「職業選択の自由」との関係で導入当初は論議に晒された（ベースボール・マガジン社 2014b）。
[30] それでも讀賣ジャイアンツの二〇〇〇年代の成績は、「リーグ優勝のみ三回、日本一四回」（二〇一九年時点）とそこそこ安定している。
[31] 「路上プロレス」や「闘うビアガーデン」など。
[32] ブログ・サイトのAmebaやネットテレビのAbemaTVで有名。

レたちはプロレスラーになることができたんだ」（週刊プロレス編集部 2017）という矜持の開示は、プロレスの「聖地」で団体ファンを越えた感動を喚起した。

「其の二」は二〇一七年一二月に後楽園ホールで開催された（四五六人）、「団体トーナメント」（六人タッグ戦）が中軸にされ、琉球ドラゴンプロレスが[33]「天下統一」旗を獲得した。二〇一八年八月の「其の三」（後楽園ホール、三八六人）では、団体の枠を外した魅力的取り組みも盛り込まれたが、「東京のファン」に地方の熱意を伝えるという点は物足りない観客動員であった（週刊プロレス編集部 2018b）。この状況を踏まえ、二〇一九年一月には東京ドームで毎年一〇日間に亘って開催される大規模イベント「ふるさと祭り東京２０１９ 日本のまつり・故郷の味」（東京ドームシティー 2019：四二万四四〇一名入場）が「地方の力で盛り上げる」という共通概念の下に開催された（週刊プロレス編集部 2019a）。

「地域おこし」の文脈で語られる「地産地消」とは「ある地域で収穫した農水産物をその地域内で消費すること」（新村 2018）である。この概念は、佐々木による試みとは少し乖離することになる。地方インディーズの理念は「地産地消」を含むが、東京志向とは別問題であるからである。地方インディーズの展開は、「上京志向」の希薄さと「地元で強固な関係と生活基盤」の構築志向を特徴とする若者たちの変化（原田 2014）と一致するからである。いずれにせよ、新日本プロレスの過度の「一人勝ち」状況の出現は、逆説的にエンターテインメントとしてのプロレスの広がりを制限することになる。前述した「プロレス戦国時代 群雄割拠」の試みも含め、地方への広がりとともにプロレスの多様の様式を孕む展開がエンターテインメントとしてのプロレスの定着と発展の鍵となるであろう。そもそも早くも一九八〇年代に様々な大学キャンパスに出現しプロレスの裾野を広げた学生プロレスが存在しなければ（東京スポーツ新聞社出版部 1995)、棚橋による新日本プロレスのV字回復への貢献もなかったのである。
　さらにいえば、東京のストリップ劇場の「幕間コント」でのプロレスごっこを出発点とした西口プロレス（二〇〇一年設立〜）にも触れるべきであろう。「(新宿) 西口って言えばホームレスのメッカなわけじゃん（原文のまま）」(橋本 2008) という発想から名づけられたこの団体はお笑い芸人から構成され、長州小力（一九七二年生〜）、アントニオ小猪木、ジャイアント小馬場など本物のレスラーのギミックが繰り広げられる。興味深いことに、西口プロレスの設立時期は先述したようにプロレス団体の混迷期に重なる。さらに、長州小力による「小力パラパラ」[34] のブレークもあり (西口プロレス 2005)、二〇〇六年四月には後楽園ホールにまでたどり着いた。現在はお笑いコンビ「メイプル超合金」[35] の片割れである安藤なつも所属レスラーであった。もはや、一元的定義が不可能なほど、エンターテインメントとしてのプロレスは広がり続けるのだ。

[33] 覆面レスラーのグルクンマスク（一九七一年生〜）によって二〇一三年に沖縄で設立。
[34] 当時流行していたユーロビート系のダンスミュージック風の楽曲。
[35] カズレーザーとともに二〇一二年にコンビ結成。

付　記

（1）インターネットによるプロレス興行の整理にあたっては、板垣美穂さん（同志社女子大学・大学院・生活デザイン専攻修士課程二〇一二年度修了）が尽力した。

（2）データの統計的解析にあたって、*IBM SPSS Statistics version 25 for Windows* を利用した。

引用文献

ベースボール・マガジン社（編）（2014a）『日本プロレス全史――1854年～2013年の闘いの記録 160年の歩み』ベースボール・マガジン社

ベースボール・マガジン社（編）（2014b）『日本プロ野球80年史――1934－2014【歴史編】』ベースボール・マガジン社

原田曜平（2014）『ヤンキー経済――消費の主役・新保守層の正体』幻冬舎

橋本貴広（2008）『西口プロレス』マガジン・マガジン

速水健朗（2014）「リングの中心で愛を叫ぶ――現代の肖像 プロレスラー・棚橋弘至」『AERA』（1466）、四八-五二頁

広く。（2014）『プ女子百景』小学館集英社プロダクション

広く。（2017）『プ女子百景――風林火山』小学館集英社プロダクション

猪瀬直樹（2013）『欲望のメディア』小学館

いつか床子（2019）「新日本プロレスリング――「選手のキャラクター強化」で売り上げ過去最高」『プレジデント』（1027）、八六-九〇頁

小島和宏（2019）『ぼくの週プロ青春記――90年代プロレス全盛期と、その真実』朝日新聞出版

小柳暁子（2018）「リングがあれば祝祭――エンタメの地産地消とローカルプロレスの現在」『AERA』（1671）、五一-五三頁

「Number」編集部（2019）「プロレス総選挙 THE FINAL」『Sports Graphic Number』（981）、文藝春秋
大仁田厚（2000）『真実』テイ・アイ・エス
小佐野景浩（2014）「消えていった王道夢対決――全日本・東京ドーム大会をめぐる水面下の攻防」本多誠（編）『週刊プロレスSPECIAL　日本プロレス事件史 vol. 4　球場・ドーム進出！』ベースボール・マガジン社、二八-三三頁
新村出（編）（2018）『広辞苑第七版』岩波書店
週刊プロレス編集部（2017）「戦国乱世の幕は開いた」『週刊プロレス』（No. 1916）、一〇〇-一〇一頁
週刊プロレス編集部（2018a）「地方《ローカル》に未来《ひかり》あり」『週刊プロレス』（No. 1939）、七二-七三頁
週刊プロレス編集部（2018b）「拡大せよ、地方熱！」『週刊プロレス』（No. 1971）、五八-五九頁
週刊プロレス編集部（2019a）「プロレス×地方の力――大・大爆発!!」『週刊プロレス』（No. 1995）、五〇-五一頁
週刊プロレス編集部（2019b）「「オールドスクール」というプロレス界の空き家――ガッツ石島が追い求める〝90年代インディー〟の魅力」『週刊プロレス』（No. 2012）、四三頁
高木三四郎（2008）『俺たち文化系プロレスＤＤＴ』太田出版
東京スポーツ新聞社出版部（編）（1995）『プロレス全書』東京スポーツ新聞社
梅津顕一郎（2008）「プロレスの肉体――日本的プロレスラーらしさとその解体をめぐって」池井望・菊幸一（編）『「からだ」の社会学――身体論から肉体論へ』世界思想社、一五四-一八三頁
安田拡了（2014）「ミスター・ドーム――新日本ドーム興行の立役者・坂口征二の経営感覚」本多誠（編）『週刊プロレスSPECIAL　日本プロレス事件史 vol. 4　球場・ドーム進出！』ベースボール・マガジン社、二一-二七頁
湯沢直哉（2017）「企業化への道を歩み始めたＤＤＴのこれから――団体を未来へ残すための〝変化〟と〝不変〟」『週刊プロレス』（No. 1925）、四〇-四一頁

〔DVD資料〕
西口プロレス（2005）『〜お笑いど真ん中〜in西口プロレス――長州小力VSアントニオ小猪木』エイベックス・ピクチャーズ

〔インターネット・サイト〕（最終確認日：二〇二〇年一二月一五日）
NHK（2018）「プロレス人気復活！〝過去最高〟の秘密」（クローズアップ現代：二〇一八年七月一九日放送）https://www.nhk.or.jp/gendai/articles/4161/
日本プロサッカーリーグ（2012）「Jリーグ規約」https://www.jleague.jp/docs/aboutj/regulation/2017/02.pdf
日本野球機構（2019a）「マイナビオールスターゲーム2019――ファン投票結果」http://npb.jp/allstar/2019/ballotresult.html
日本野球機構（2019b）「2018年セ・パ公式戦入場者数」http://npb.jp/statistics/2018/attendance.html
NNNドキュメント（2019）「リングに上がれ！――プロレスで元気にするバイ」http://www.ntv.co.jp/document/backnumber/archive/post-123.html
東京ドームシティー（2019）「ふるさと祭り東京――日本のまつり・故郷の味」https://www.tokyo-dome.co.jp/furusato/exhibitor/〈現在、wikipediaに転載〉

〔分析対象とした団体のインターネット・サイト〕（最終確認日：二〇二〇年一二月一五日）
大日本プロレス　https://bjw.co.jp/
DDTプロレスリング　https://www.ddtpro.com/
DRAGONGATE　https://www.gaora.co.jp/dragongate/
九州プロレス　http://www.kyushu-pro-wrestling.com/

みちのくプロレス　http://www.michipro.jp/
プロレスリング FREEDOMS　http://www.pw-freedoms.co.jp/
プロレスリング紫焔　http://shi-en.com/
新日本プロレスリング　https://www.njpw.co.jp/
全日本プロレス　http://www.all-japan.co.jp/

Ⅳ章

遺恨を超克するエンターテインメント

前章では、様々なプロレス団体を対象として興行観客数の統計的解析を試み、新日本プロレスの「一人勝ち」状況を明らかにした。自由主義社会では、市場支配のために互いに競争し、少数の企業による市場の独占化つまり寡占状態が生じることは特異な出来事ではない。したがって、プロレス界における新日本プロレスの「一人勝ち」状況も、ある意味で企業努力の結果といえよう。しかし、エンターテインメントとしてのプロレスを考えると、単一の団体による市場の独占化はエンターテインメントの多様性を喪失する危険をもたらしプロレス界の衰退へと向かう可能性がある。それを防ぐためには、プロレス界全体の発展という概念をプロレスラーや各団体がもつことが重要であろう。二〇一五年に起きた棚橋弘至とＤＤＴとの間に起きた遺恨とその超克は、プロレス界全体の発展という概念を顕在化させた。

1　「一人勝ち状況」に留まらない展開へ

今や夏の風物詩にもなった新日本プロレスによる「G1 CLIMAX」（二九回目）は、飯伏幸太の優勝で終わり、「これから新日本プロレスは新しい時代に進みます。みんな一緒についてきてください」という飯伏による力強い宣言で終わる（週刊プロレス編集部 2019b）。最初の「G1 CLIMAX」は、新日本プロレスによって一九九一年に開催されたが、八選手による短期間の二ブロック・リーグ戦方式で（一九九一年八月七日〜一一日）、蝶野正洋[1]が優勝した（ベースボール・マガジン社 2014）。二九回目となったこの大会は、二〇名による二ブロック・リーグ戦で行われ、二ヵ月に亘って開催された（二〇一九年七月六日〜八月一二日）。とくに開幕戦は米国・ダラス（Dallas）のアメリカンエアーラインズセンター（American Airlines Center）

で開催された（観客四八四六人：新日本プロレスリング 2019）。前章では、複数のプロレス団体興行における観客数分析に基づき新日本プロレスの「一人勝ち」状況を浮き彫りにした。先の飯伏による「新しい時代」宣言は新日本プロレスの設定目標がもはや日本市場に限定された「一人勝ち」ではなく、世界市場という視野の下での宣言なのだ。

2 棚橋弘至とDDTとの間の遺恨勃発

ところで、新日本プロレスのV字回復に大きな貢献を果たした棚橋弘至は、二〇一五年夏の「G1 CLIMAX」（二五回目）で二度目の優勝を遂げた（八月一六日）。彼が最初にこの栄冠を勝ち取った二〇〇七年の大会は新日本プロレスが興行的に落ち込んでいた時期に行われ（第Ⅱ章参照）、棚橋のキャラクターはまだファンに受容されておらず、「ブーイング時代の真っただ中」での初優勝は棚橋に「悔しさしか残さなかった。その気持ちが二〇一五年夏の優勝時の「プロレスを知ってくれてありがとう。プロレスを好きになってくれてありがとう。会場に来てくれてありがとう……」（週刊プロレス編集部 2015a）という言葉となり、ファンに感動を与えた。

棚橋は、「G1 CLIMAX」決勝戦の一週後にDDTによる両国国技館大会[2]に出場し、セミ・ファイナルでDDTのエースであるHARASHIMAとシングル戦を行った。一九分に及ぶ激闘の末に棚橋はHARASHIMAを下すが、その直後に「事件」が起きた。棚橋は、自らHARASHIMAに握手を求めるもののそれに応じようとしたHARASHIMAを無視した。両団体のエース対決の「ノーサイド」を意味する握手という幕切れを棚橋は否定したのだ。それればかりか、バックステージ・コメントで、棚橋は次のように発言した。「オレは珍しく怒ってるよ……全団体を横一列で見てもらったら困る。ロープの振り方、受け身、クラッチの一個の細かいところに至るまで違うんだから……ハラシマ（原文ママ）選手はこの団体のスターでしょ。スターをよりスターに、とは思ってたんですけどね」。「G1 CLIMAX」での優勝による高揚感もあるのか、棚橋には珍しく「上から目線」風のコメントを発したのだ（週刊プロレス編集部 2015b）。

HARASHIMAの側は「……やっぱりメジャー団体のトップだけあって強かったですね……負けたことは悔しかったですけど、新日本のトップの人と試合をして楽しかったです」という敬意を払ったコメントで対応した（週刊プロレス編集部 2015b）。この二者間に生じた齟齬は、「違う団体の、ましてやトップクラス同士がシングルで闘うことの難しさ」（佐藤 2015）を表しているといえるが、棚橋による「上から目線」風のコメントは、ＤＤＴのファンを毀損するばかりか、棚橋自身が過去のプロレスラーとは異質のキャラクターを確立することにより成功したというアイデンティティと矛盾することになる。

棚橋による「怒ってる」発言は、彼自身の真意が何であれ、エンターテインメントとしてのプロレスという観点から棚橋に対する批判を生じた。ＤＤＴが開催した両国国技館大会に新日本プロレスのエー

[1] 一九六三年生～。一九八四年新日本プロレス所属。武藤敬司、橋本真也とともに「闘魂三銃士」として一九八〇年代後半の新日本プロレスの人気を支えた。二〇一〇年新日本プロレス離脱。
[2] 二〇一五年八月二三日、「両国ピーターパン２０１５～ＤＤＴより愛をこめて～」、六六七〇人満員。

スが登場したのは、どちらが真に強いのかを競うためではない。両者は、ほぼ同年代であるとともに、エンターテインメント・プロレスの多様化を促進した学生プロレス同好会出身なのだ（棚橋は立命館大学、HARASHIMAは帝京大学）。今や、一方は日本のメジャー団体のエース、他方はＤＤＴのエースとなり、ファンたちの期待は、リング上で両エースがどのように融合するかであり、真にどちらが強いのかという決着ではなかった。この観点から見ると、棚橋による「怒ってる」発言は、一週間前に「G1 CLIMAX」の頂点に立ち、巨大化しつつある団体を背負った自分自身への気負いによって発せられたと解釈できよう。

棚橋が築き上げたキャラクター[3]からすると、HARASHIMAとリング上でいかに融合するかが問題となるべきなのである。「相手がジルバでくればジルバ、ワルツでくればワルツ」というエンターテインメントとしてのプロレスの鉄則を「実践し切れなかったことへのディレンマ」（ハチミツ 2015）が彼のキャラクターと乖離する発言を惹起させてしまったのだ。異団体のエース対決後に挑発的発言があっても、通常は再戦のストーリーが仕組まれている。しかしながら、この両国国技館大会のエース対決は単発的設定であり、棚橋の挑発的発言が遺恨となるのは必然であろう。

3　「#大家帝国」による遺恨決着の企て

ところで、ＤＤＴは、ＡＫＢ48によって開催されて関心を集めた「ＡＫＢ48総選挙」（二〇〇九～二〇一八年：諸井 2015）を模して、「ＤＤＴドラマティック総選挙」を二〇一〇年より毎秋行っていた。[4]いずれもインターネット時代を反映して、ファンだけでなく被投票者自身もSNSを活用して「選挙活動」できる。DDTでは、二〇一四年よりユニット投票も行われ、一位となったユニットは自由にマッチ・メイクできる興行権を獲得できる。[5]

先述した遺恨が勃発した両国国技館大会では、DDTのベテラン三人組[6]が「KO-D六人タッグ選手権」を保持する若手組[7]に挑戦し（第六試合）、ベテラン組の大家健がフォール負けを喫した。この試合後にスーパー・ササダンゴ・マシンは、ⓐ「マッスル」の開催権の獲得、ⓑフォール負けをした大家の悔しさの払拭を旗印に、ユニット名を「＃大家帝国」として「DDTドラマティック総選挙」に立候補すると宣言し、その目的が興行権を得て「マッスル」を復活することだと説明した（週刊プロレス編集部 2015c）。「マッスル」はDDTの別ブランドとして二〇〇四年にマッスル坂井を中心に立ち上げられ多様なプロレスを展開し人気を博したが（kamipro 編集部 2008）、坂井が家業[8]を継ぐために二〇一〇年に

［3］繰り返しとなるが、棚橋のキャラクターは、新日本プロレスのV字回復への大いなる貢献となった。

［4］最初は「DDT48総選挙」と銘打っていたが二〇一四年より名称変更、二〇一九年は開催されていない。／AKB48の場合にはファン会員や特定CDの封入券が投票権となるが、DDTでは試合会場でのグッズ購入時に投票用紙配付。

［5］個人投票での一位の選手は王座挑戦権獲得。

［6］男色ディーノ（一九七七年生〜。大阪学院大学プロレス研究会を経て、上京し二〇〇二年CMAプロレスリング所属。二〇〇八年DDT移籍）、スーパー・ササダンゴ・マシン（一九七七年生〜、覆面レスラー、素顔時はマッスル坂井、本名：坂井良宏。二〇〇四年DDT正式デビュー、二〇一〇年家業を継ぐために引退、二〇一二年リング復帰）、および大家健（一九七七年生〜。日本大学プロレス研究会を経て、二〇〇一年DDTデビュー。二〇一三年ガンバレ☆プロレス設立）。

［7］石井慧介（一九八五生〜）、入江茂弘（一九八八生〜）、および高尾蒼馬（一九八八年生〜）。

解散した。その後、彼は、新潟大学大学院技術経営研究科で学ぶが、プロレスへの想いを断ち切れず覆面レスラーのスーパー・ササダンゴ・マシンとして復活した。

しかしながら、そのセミ・ファイナルで行われた棚橋とHARASHIMAによるシングル戦で勃発した先述した遺恨は「#大家帝国」の立候補の意義を変容させることになった。元々の二つの理由（先のⓐとⓑ）に加えて、「総選挙」で一位になった時に得ることができる興行権を利用したこの遺恨への対応が立候補の目的として持ち上がったのだ。直後の試合によって立候補の意義が変容したが、DDTの歴史におけるノスタルジア的部分を超えて、「プロレスとは何なのか」への回答をファンに委託したといえよう。投票結果では、断トツで「#大家帝国」が一位となり[9]、当然の如くスーパー・ササダンゴ・マシンは、「マッスルをやるのであれば、そこで今年一番モヤモヤしたことを解決しなきゃいけない」（週刊プロレス編集部 2015d）と宣言した。

DDTの興行（一〇月一八日）で一一月一七日に開催される「#大家帝国主催興行～マッスルメイツの二〇一五」においてHARASHIMA・大家 対 棚橋・小松洋平（一九八八年生～）」のタッグマッチを行うことが発表された。リング上でHARASHIMAは再試合を実現させてくれた大家・男色ディーノ・坂井およびDDTに加え、棚橋と新日本プロレスに感謝の言葉を述べた。大家は「棚橋弘至に、このオレとハラシマが、勝って……悔しさを……晴らしてみせる！……」と吠えた（週刊プロレス編集部 2015e）。

4　棚橋による遺恨の超克

坂井による「これから俺の仲間が絶対に負けちゃいけない闘いに挑みます。これ以上ない声援を送ってあげてください」（週刊プロレス編集部 2015f）というマイク・パフォーマンスとともに入場したHARASHIMAと大家には後楽園ホールを揺るがす大声援、対照的に棚橋組にはブーイングの嵐という、DDTの試合としては異様な雰囲気の下で試合は開始された（一八〇〇人満員、この大会全体の模様はDVD（DDTプロレスリング 2016）で視聴できる）。一七分三六秒、HARASHIMAが得意の「蒼魔刀」で若手の小松を仕留め、試合終了となった。この勝利でHARASHIMA、彼の仲間たち、そしてDDTファンの「モヤモヤ」は予想通りにある程度解消された[10]。

しかし、だれもがこれで「ノーサイド」と思った直後に、DDTファンに加え、坂井以外のDDT選手が予想だにしなかったことが起こった。棚橋による「逸材流納め方」（週刊プロレス編集部 2015f）が続いたのだ。つまり、彼は、本部席に赴き、スーパー・ササダンゴ・マシン（＝坂井）の十八番である「煽りパワポ」に倣って、パワーポイントを用いて「プロレス界をもっと盛り上げる方法」というテーマでプレゼンテーションを始めた。「煽りパワポ」では、スーパー・ササダンゴ・マシンが自分の試合前に試

［8］新潟、坂井精機（金型メーカー）（神田 2018）。

［9］二五四三票。二位は「酒呑童子：KUDO（年齢不明）、高梨将弘（一九八三年生～）、坂口征夫（一九七三年～）」一六四三票。

［10］新日本プロレスという団体や棚橋自身の「格」を考えれば、棚橋自身の敗北を望めないことは自明であったからだ。

合相手の弱点などを経営用語を交えながら大学院で習得したパワーポイントを駆使して解析する。スーパー・ササダンゴ・マシンがプロレスに持ち込んだパワーポイントによってプロレスのエンターテインメント性が広げられたのだ（写真Ⅳ-1）。驚くべきことに、この「煽りパワポ」の枠組みに棚橋自らが飛び込んだのだ。

棚橋によるプレゼンテーションでは、自己紹介に始まり、今回の試合の経緯が説明された。DDTプロレス対新日本プロレスという枠組みでなく、松竹芸能（坂井が所属）とマセキ芸能（棚橋が当時所属）[11]の枠組みで行われたことに加えて、「怒ってる」発言の背景を明らかにした。棚橋が大学生の時に観戦した「武藤敬司対高田延彦」[12]で感じた興奮と熱狂をHARASHIMA戦で上回ることができなかったことが「怒ってる」発言となったのであり、HARASHIMAに向けられたものではないと釈明した。続けて、驚くべきことに「ハラシマさん、ごめん。これからもDDTのエー

写真Ⅳ-1　DDTのスーパー・ササダンゴ・マシンによる試合前の「煽りパワポ」
（2018年5月27日「エディオンアリーナ大阪第2競技場」大会：著者撮影）

スの道を突き進んでください」（週刊プロレス編集部 2015f）と彼のプレゼンテーションを見つめるＤＤＴファンと選手たち、さらには棚橋の応援に駆けつけた新日本プロレスのファンの前で、謝罪したのだ。

さらに、「プロレス界全体を盛り上げていきたい！」と宣言し、次年度の四目標を呈示した。ⓐ二〇一六年一月東京ドームでＩＷＧＰヘビー級戴冠、ⓑ二〇一六年八月「G1 CLIMAX」二連覇、ⓒ二〇一六年九月ＤＤＴ総選挙出馬、ⓓユニット主催興行開催。これら四目標は達成されなかったが、とりわけⓒとⓓはＤＤＴに対する敬意表現であろう。ちなみに、ⓐについては二〇一九年一月四日の東京ドーム大会で八度目の戴冠、ⓑについては二〇一八年夏の大会で三度目の優勝を果たしている。

そして、このプレゼンテーションは、「今日ここにいるすべての皆さん、愛してま～す」といういつものフレーズで締められるが、試合開始前の大ブーイングは棚橋に対する歓喜と賞賛に変容した。プレゼンテーション後、棚橋は、リングに戻りロープ越しにHARASHIMAとグータッチし、退場した。「みんなが笑顔になれるプロレスをしています！」というHARASHIMAによる言葉でファンたちの「満足げな笑顔」とともに、この大会は幕を閉じた。

棚橋の「怒ってる」発言によって勃発したＤＤＴとの遺恨は、「一〇〇年に一人の逸材」（棚橋 2014）を自称する棚橋自身の見事な振る舞いによって超克されたのである。

［11］なお、二〇一六年より新日本プロレスと大手芸能プロダクション「アミューズ」との間で業務提携。

［12］武藤敬司（当時は新日本プロレス）、高田延彦（一九六二年生～。当時はＵＷＦインターナショナル）／一九九五年一〇月九日、東京ドーム、六万七〇〇〇人満員。

5　プロレス界という概念の確立

棚橋に関する有名なエピソードとして、新日本プロレスの「道場の正面に飾ってあった新日本プロレスの創始者、アントニオ猪木さんの特大パネルを外してしまった」（棚橋 2014）ことをあげることができる（ただし、真実は別のレスラーということである）。これは、棚橋が「新日本プロレス＝ストロングスタイル＝新日本プロレス最強」という図式を否定したエピソードとして語られた。つまり、棚橋は、「お年寄りから子どもまで楽しめて、熱狂できる」「大衆娯楽」（＝エンターテインメント）としてのプロレスを目指したのだ。

ところで、このストロングスタイルという言葉は、米国プロレスには存在しない和製英語である。流（2014）によれば、この言葉は、一九七二年頃に新日本プロレス側を中心に流布される。要するに、「新日本がやっているプロレスこそ本物・本流であり、全日本のプロレスはショーマンシップが主体の見せ物プロレスなのだ」（流 2014）と宣伝するための造語なのだ[13]。この言葉を正当化するために、新日本プロレス設立当時のトップ外国人レスラーであったカール・ゴッチの伝説化が企まれた[14]。棚橋は、このストロングスタイルのみに固執することからの脱皮を図ったともいえよう。

本章で主題とした棚橋の「怒ってる」発言は、決して彼の本意ではなかったと思われる。彼の真骨頂は、単に再戦に応じたことでなく、ＤＤＴ人気を支えている多様性の象徴である「煽りパワポ」を自ら実践し、その中でメジャー団体のエースがＤＤＴのエースに謝罪することをやり遂げたことだ。つまり、ＤＤＴの枠組みに身を投じたのだ。しかし、このことによって、多様なプロレスを展開するＤＤＴを棚橋ワールドに包み込んでしまった。付け加えれば、バックステージ・コメントで、今回の「絡繰り」の陰の主人公であった小松を持ち上げた。「……小松は俺以上のスターになるから。その時はまだＤＤＴに呼んでください……」（週刊プロレス編集部 2015f）。ちなみに、この小松は、その後ＹＯＨとして新日本プロレスの若手レスラーの中心として活躍している。

先述したように、二〇一九年は新日本プロレスが世界市場に本格的に進出する年となった。春にはプロレスの聖地であるマディソンスクエアガーデン（米国）で開催し大成功を収めた（二〇一九年四月六日、一万六五三四人満員）。その後、メルボルン・フェスティバルホール（オーストラリア：六月二九日、一七九八人）、ニューサウスウエールズ大学（オーストラリア：六月三〇日、九五五人）、アメリカンエアラインズセンター（米国：七月六日、四八四六人：「G1 CLIMAX」初戦）で海外興行を行った。さらに、「G1 CLIMAX」終了後も米国と英国で四大会開催した。[15] 引き続き、九月下旬に米国で三大会、一一月上旬に米国で二大会が予定された。これは、二〇一八年に新日本プロレス社長に就任したハロルド・ジョージ・メイ（Harold George

［13］これに対してジャイアント馬場の全日本プロレスでは一九八〇年代になると「明るく、楽しく、激しいプロレス」というキャッチコピーで対抗した。今となっては、このキャッチコピーが先の棚橋の目指すプロレスと類似していることは興味深い。

［14］Karl Gotch：一九二四年生〜二〇〇七年没。米国プロレスではそれほど中心的存在ではなかったが、日本では新日本プロレスの正当性を示すために、カール・ゴッチが「プロレスの神様」として伝説化された。

［15］Seattle・Temple Theater（米国：八月二三日、九九一人満員）／San Francisco University・Student Life Events Center（米国：八月二四日、七八八人満員）／Los Angeles・Walter Pyramid（米国：八月二五日、二五一二人）／London・Copper Box（英国：九月一日、六一一九人満員）。

[16]Meiji）の意識がもはや日本に限定されることなく「世界最大のプロレス団体・ＷＷＥ（World Wrestling Entertainment）」に向けられていることを示している（又吉 2019）。

　ＷＷＥは、新日本プロレスの一七倍以上の売り上げ規模であるが、一九九九年の米国での株式上場に際して、「プロレスはシナリオのあるエンターテインメントである」ことを公表した。この理念に従い、この団体は、リング上の戦いだけでなく、「バックステージでのやり取り」や「ドラマのような劇的な展開」が大きな魅力要素となっている（又吉 2019）。例えば、新日本プロレスによるマディソンスクエアガーデン大会での大成功の原因が「身体能力の高さを重視したスポーツライクなプロレス」で「多彩で大がかりな技の応酬」の展開にあるとすれば（藤原 2019）、エンターテインメント重視路線のＷＷＥの対抗軸になり得るだろう。つまり、米国のプロレスファンには、ＷＷＥによるプロレスのエンターテインメント化にいったん呑み込まれた分だけ、新日本プロレスのリングが新鮮に映るのだ。

　新日本プロレスは、ＷＷＥに倣って動画配信などインターネットを最大限活用したビジネスも拡大しており、それが米国の成功にもつながる。ちなみに、ＤＤＴも二〇一九年春に米国・ニューヨーク州ラブーム（La Boom）で大会を開催し（「DDT is COMING TO AMERICA」、六五〇人満員）、日本と同様にエンターテインメント性溢れる試合を展開した（週刊プロレス編集部 2019a）。大会終了後、社長の高木三四郎は「……これが最初の第一歩、ボクの中では来年もつなげていかなきゃいけないと思ってます」（週刊プロレス編集部 2019a）と発言するが、新日本プロレスのような明確な戦略性は呈示されていない。

　棚橋の立場からは「ストロングスタイル」からの脱却によってわが国での「一人勝ち」状況がもたらされたのに、世界戦略に伴うＷＷＥとの対立軸がエンターテインメントよりも「ストロングスタイル」

的色彩にあるとすれば、再びディレンマに陥ることになる。HARASHIMA が所属するＤＤＴは、今なお先の〈マッスル〉的要素を維持する。例えば、「大阪オクトパス２０１９」大会（二〇一九年九月一日エディオンアリーナ大阪第二競技場、六七八人満員）の第五試合では高木と大家による「リサイクルウェポンランブルデスマッチ」が行われた。ＤＤＴの倉庫に溜め込まれた雑多なもの（クーラー、扇風機、ラジカセなど）が時間差でリング内にリサイクルウェポンとして持ち込まれ、流血は決してない「狂乱」の戦いが繰り広げられた（写真Ⅳ-２）。この「破壊から生まれた再生」に「懐古の思い」が込められた試合は、二〇二〇年六月の「さいたまスーパーアリーナ」大会の予告とともに終わった（週刊プロレス編集部 2019c：ただし、この大会は「新型コロナウィルス感染症」の影響で順延）。

［16］一九六三年生〜。日本コカ・コーラ副社長、タカラトミー社長職を経て、ブシロードグループに招聘。

写真Ⅳ-2　DDT における「リサイクルウェポンランブルデスマッチ」
（2019年 9 月 1 日「エディオンアリーナ大阪第 2 競技場」大会：著者撮影）

まさにＤＤＴは「馬鹿馬鹿しさ」というスピリットを永遠に内包するのだ。さらに、例えば、東京を中心に展開しているインディーズ団体である暗黒プロレス組織666による大会では、リングの設営をせずにほぼ四メートル四方のマットの上でエンターテインメント性を極限に高めた試合も行われ、人気を博している。観客の眼前のマット上で通常目にするような技が次々と繰り広げられるが（写真Ⅳ-3）、観客が怪我をすることは決してない。ある意味で高い技術と瞬時の判断力を前提とした、プロレスの多様性を体感できるのである。

結局、本章で主題とした棚橋とHARASHIMAの試合が引き起こした遺恨とその超克は、プロレスが孕むエンターテインメント性の奥深さを示唆しているといえよう。ところで、今回の超克に貢献した男色ディーノは、ＤＤＴのベテランレスラーである。彼は、男色ドライバーや男色ナイトメアを得意技とするいわゆるゲイレスラーの範疇に含まれる。男色ディーノは、新日本プロレスが開催している「SUPER J-CUP」[17]に二〇〇九年に出場したが、

写真Ⅳ-3　暗黒プロレス組織666における「マットプロレス」
（2019年８月31日「大阪・なんば紅鶴」大会：著者撮影）

当時の新日本プロレスの指導的立場にあった山本小鉄[18]が激怒した（男色ディーノ 2016：週刊プロレス編集部 2020）。ストロングスタイルを標榜する新日本プロレスのかたちに迎合することなく、男色ディーノは自らのかたち（男色殺法[19]）を貫いたのだ。これはもちろん遺恨となる出来事ではないが、本章で論じた遺恨の始まりは、それぞれが展開するプロレスのかたちに棚橋が過度の同一性を求めてしまったことにあるのかもしれない。

[17]　新日本プロレス以外にもジュニアヘビー級の多くのレスラーが参戦するトーナメント形式の大会。男色ディーノは二回戦で敗退。

[18]　一九四一年生〜二〇一〇年没。「鬼軍曹」と呼ばれ、厳しい指導にあたった。

[19]　「ワタシが入場時にお客さん（男性客）の唇を奪って回る」、「相手の唇を奪ったり股間を狙うファイトスタイルは、絶対に引っ込めない」（週刊プロレス編集部 2020）。

引用文献

ベースボール・マガジン社（編）（2014）『日本プロレス全史――1854年～2013年の闘いの記録 160年の歩み』ベースボール・マガジン社
男色ディーノ（2016）「プロレスインタビュー――男色ディーノ」南 和成（編）『師走の翁――JKプロレスイラストレーションズ 技画GIGA』笠倉出版社、五〇-五三頁
藤原学思（2019）「プロレス ニューヨークを熱狂させる――聖地マディソン・スクエア・ガーデンは燃えた」『AERA』（Vol.32 No.21）、五〇-五四頁
ハチミツ二郎（2015）「続・ハチミツ二郎のプロレスばっかり見てたら芸人になっちゃいました――棚橋弘至はなぜ怒ったのか?!」『週刊プロレス』（No. 1810）、四八-四九頁
kamipro編集部（編）（2008）『八百長★野郎――プロレスの向こう側、マッスル』エンターブレイン
又吉龍吾（2019）「海外進出、そして株式上場へ――新日本プロレスの復活と野望」『週刊東洋経済』（6835）、五四-五七頁
諸井克英（2015）『ことばの想い――音楽社会心理学への誘い』ナカニシヤ出版
流 智美（2014）『詳説 新日イズム 完全版』集英社
佐藤正行（2015）「DDT両国夏物語」『週刊プロレス』（No. 1809）、四〇-四一頁
週刊プロレス編集部（2015a）「何度でも「ありがとう」」『週刊プロレス』（No. 1807）、四-九頁
週刊プロレス編集部（2015b）「井の中のエース、世界を楽しむ」『週刊プロレス』（No. 1809）、一三-一五頁
週刊プロレス編集部（2015c）「#大家帝国はあきらめず」『週刊プロレス』（No. 1809）、一八頁
週刊プロレス編集部（2015d）「ユニットも個人も、それぞれの順位にドラマティックすぎるドラマあり！」週刊プロレス（No. 1816）、三五-三七頁
週刊プロレス編集部（2015e）「正式に再戦が決定」『週刊プロレス』（No. 1817）、一〇三-一〇五頁
週刊プロレス編集部（2015f）「衝撃のハッピーエンド――棚橋弘至はまさかのパワポ」『週刊プロレス』（No. 1823）、四-

一〇頁
週刊プロレス編集部（2019a）「自由の哲哉」『週刊プロレス』（No. 2006）、九–一三頁
週刊プロレス編集部（2019b）「見果てぬ自由――飯伏が選択した、背負うことから逃げないという生き方」『週刊プロレス』（No. 2025）、四–一〇頁
週刊プロレス編集部（2019c）「10年越しの「T」」『週刊プロレス』（No. 2029）、一〇二頁
週刊プロレス編集部（2020）「FREE TALK free time――男色ディーノ」『週刊プロレス』（No. 2074）、八六–八七頁
棚橋弘至（2014）『棚橋弘至はなぜ新日本プロレスを変えることができたのか』飛鳥新社

【ＤＶＤ資料】
スーパー・ササダンゴ・マシン（2016）『スーパー・ササダンゴ・マシンによるコミュ障サラリーマンのためのプレゼン講座』ポニー・キャニオン
ＤＤＴプロレスリング（2016）『#大家帝国主催興行　マッスルメイツの２０１５』ＤＤＴプロレスリング

【インターネット・サイト】（最終確認日：二〇二〇年一二月一五日）
神田 匠（2018）「金型の生産性とプロレスの熱狂は真逆だ――スーパー・ササダンゴ・マシンが考える、金型業界のこれから」https://meviy.misumi-ec.com/ja-jp/blog/archives/7103/
新日本プロレスリング（2019）「HEIWA Presents G1 CLIMAX 29」https://www.njpw.co.jp/tornament/192617?showResult=1

V章

表象されるプロレスのかたち

第Ⅰ章では、バルト（1967：Barthes, R.）に依拠してプロレスはスポーツとしてのアマチュア・レスリングとは別物であるという前提を述べた。ここでは、まずこの別物ということを明確にしておこう。プロレスの試合においては、当然ながら各団体によってルールが定められている。[1] 例えば、代表的なピンフォールや反則負けを取り上げてみよう。規定によればピンフォールは「競技者の両肩がマットにつき、カウント3を数えた場合の負け」、反則負けは「レフェリーがカウント5を数える間にその行為（競技者の禁止事項で定めた行為）をやめない場合は反則負けとする事が出来る」（新日本プロレスリング 2020）とそれぞれ定義される。しかしながら、最も重要なことであるが、カウントの計測主体はレフェリーであり、スポーツ競技のように時計による客観的な計測が求められているわけでない。当該行為が禁止事項に該当するかの判断もレフェリーに委ねられている。さらにいえば、レフェリーは、規定に従えば通常は一人である。[2]

スポーツを、一九世紀英国社会に存在していた「ジェントルマンという地主階級」が「書かれた規則にもとづいたゲーム」として創り出したものであるとすれば（多木 1995）、ルールが設定されたプロレスも一見その範疇に含まれるように見える。つまりプロレスとアマチュア・レスリングの差異は、アマチュア野球とプロ野球の差異と変わらないことになる。しかし、プロレスの場合にはルールに対する忠実さはある意味で滑稽であり、「ルールがあるようでないような、それで平気な顔をして成り立ってきた」

［1］例えば、新日本プロレスリング（2020）では、「ピンフォール、ギブアップ、ノックアウト、場外ノックアウト、レフェリーストップ、ドクターストップ、反則、ノーコンテスト」。

［2］「審判は原則的には一人のレフェリーによって実施される」（新日本プロレスリング 2020）。

のだ（川村 1994）。つまり、プロレスの観客は、「フェアプレイ」を実現するために、例えば、大半のスポーツ競技に浸透している電子時計による厳格な計測やビデオ判定をプロレス空間に持ち込むことを決して望まない。レフェリーの様々な所作もプロレスのかたちに含み込まれている点でアマチュア・レスリングとは決定的に異なるのである。[3] この最終章では、プロレスのかたちについて結論づけることにしよう。

さらにいえば、スポーツ自体のエンターテインメント化（現代オリンピックに象徴される）を説いた杉本（1995）は、学校教育で「スポーツクラブを「運動部」、その他の音楽クラブや理科クラブなどを「文化部」と二項対立的に位置づけることに疑問を呈した。この疑問は、ＤＤＴの高木（2008）による「文化系プロレス」というスローガンと同一線上にある。高木は、プロレスをスポーツという範疇に封じ込めてしまうことに対して逆ベクトルを起動させたのだ。

1 「八百長」説の蠢《うごめ》き

力道山は、第二次世界大戦後に米国から日本社会にプロレスを持ち込みプロレスという興行を定着させた。力道山の成功は、日本プロレス（一九五三年設立〜一九七三年停止）の設立を契機としたプロレスの興行システムの確立だけでなく、敗戦による日本人のコンプレックスを象徴する「大型の白人レスラーを小柄な日本人レスラーが最終的に打ち負かす」というプロレスの表象的枠組みをリング上に創出したことにあった。つまり、時代背景を巧みに駆使したことに加え、当時普及し始めたテレビ・メディアとプロレスを連結したことにより（猪瀬 2013）、力道山は日本民族のヒーローとして自らを構築したのだ。さらに、出自の問題（朝鮮半島出身者）、つまり日本社会における悪しき差別感情を潜在的に受けながら、力道山は最後は非業の死を遂げた（牛島 1995：トンプソン 2002）。

付け加えると、塩見[4]（2010）が明らかにしているように、実はプロレスは明治期には海外から日本に持ち込まれ、その後も柔道や相撲を基盤として断続的にではあるが実施されていた。例えば、日本初のプロレス試合は、一八八七年に東京・木挽町で開催された。また、力道山の成功における主要原因の一つとして、当時の大相撲の聖地であった蔵前国技館で開催された木村政彦（一九一七生〜一九九三没）との試合での勝利を挙げることができる（一九五四年一二月二二日）。戦前から戦後にかけて柔道家として生き抜いた木村は、柔道界最強であり「木村の前に木村なく、木村の後に木村なし」と謳われたが、一九五〇年代にプロレスに転身し力道山とタッグを組み外国人レスラーを打ち負かした。力道山を日本民族のヒーローとすることに貢献したのだ。しかしながら、力道山は、パートナーであった木村を打ち負かすことにより自らが最強であることを証明した。この試合は二者が合意した結末の力道山による裏切りと木村は主張したが、結局のところ力道山最強伝説の構築に寄与したのだ（増田 2011）。

力道山の死後、紆余曲折もありながらジャイアント馬場を中心とした全日本プロレスとアントニオ猪木を中心とした新日本プロレスの二大勢力時代が出現するが、「真剣勝負」を標榜するＵＷＦ（前田

［3］例えば、一方のレスラーに肩入れした高速カウントなどスポーツ競技ではあり得ない。
［4］ダブプロレスでカブキキッドとして活躍中の現役レスラー。立命館大学大学院でプロレス史を主題として博士号取得。

ら 2019）の勃興と挫折によりいったんはプロレス界全体が混迷した。しかしながら、このプロレスという枠組みは死滅するどころか、今やエンターテインメント産業の一つとして復活し確立している。他方で、アマチュア・レスリングとプロレスの差異が曖昧なまま事態が進行していたり、プロレスに対する否定的態度としてそもそもプロレスは「八百長」という言説が残存することも確かであろう。

第Ⅰ章では、『週刊プロレス』の表紙にもなった女子プロレスラー安川悪斗の「凄惨な姿」（鼻から出血し腫れぼったい顔）の意味を探り（週刊プロレス編集部 2015a：2015b）、プロレスのかたちの本質に迫った。続く第Ⅱ章、プロレスを担うプロレスラーの身体を分析し、プロレス空間が巨体レスラーによってのみ支配されるわけでなく、小柄なレスラーの戦いも十分に空間創出に寄与することを指摘した。さらに作業を進め第Ⅲ章では、日本のいくつかのプロレス団体が二〇一八年に開催した興行における集客数を分析し、新日本プロレスの「一人勝ち」状況を明らかにするとともに、中小規模の興行で心理的満足感を高めるための工夫とその意義について論じた。次の第Ⅳ章では、新日本プロレスのエースである棚橋弘至とＤＤＴとの間に二〇一五年に起きた遺恨勃発とその決着の企てに焦点をあて、この過程がプロレスのエンターテインメント性からきわめて重要な出来事であることを明らかにした。

以上のようなプロレスへの様々な接近作業を踏まえた上で、この最終章では、表象されるプロレスのかたちに関する構造化を試みた。この作業は、プロレスが「八百長」であるとする言説に対する反論ではない。そもそも、「八百長」とは、「①相撲や各種の競技などで、一方が前もって負ける約束をしておいて、うわべだけの勝負を争うこと。なれあい勝負」、さらに「②転じて、内々示しあわせておいて、なれあいで事を運ぶこと」という意味をもつ（新村 2018）。「一方が前もって」とか「なれあい」でという部分への過度の焦点化がこの言葉に否定的色彩を負わせているのである。

さらに、この「八百長」説は、当該の興行に集った側つまり観客側がリングの上での出来事は「真剣勝負」であるという信奉を抱いていることを前提としている。経済的にいえば「真剣勝負」と引き換えにチケットを「騙されて」購入しているというわけだ。しかしながら、第Ⅲ章では多くの人々がプロレス会場に集っていることが確認できた。この事実を踏まえると、プロレスが「八百長」であるという見方は、プロレスがもつそもそものエンターテインメント的構造からすると陳腐な思い込みであることは自明であろう。人々は、リングの上での出来事が「真剣勝負」ではないという暗黙の了解を抱えながら[5]、自らも観客という役割を背負ってプロレスというスペクタクルに参戦しているのだ。

2　学問的対象としてのプロレス

トンプソン（1991：Thompson, L.）は、社会学者ゴフマン（1974：Goffman,E.）による役割演技論を導入することにより、プロレスを学問的な考察対象にした。ゴフマンは、対人的相互作用を舞台演劇に模して考察を加えた。とりわけ彼の「〈部内〉秘密（inside secrets）」概念は後述するミスター高橋（2002：2003）によるプロレスという枠組みの中での様々な偽装の暴露と対応させると重要であろう[6]。


［5］言い換えると、「真剣勝負」かどうか自体がもはや表象されていないといえよう。

［6］「〈部内〉秘密とは、その秘密の所有が個人をある集団の構成員として特徴づけ、諸集団を〈事情に通じて〉いない人びとは別の違ったものであると感じさせるような秘密である」（ゴフマン 1974）。

トンプソン（1991）によると、プロレスの構造は以下のようになる。まず、彼は、「生の喧嘩」にルールによる統制を加えていたものが格闘技であると考えた。例えば、ボクシングは、「生の喧嘩」にルールを被せることによって転形したものである（図V-1のⓐ）。トンプソンによれば、プロレスも一見したところでは「喧嘩の転形されたものであるかのように観客に見てもらおうとする」。つまり、先述したように、試合時間、レフェリー権限、反則行為の定義などのルールが存在する。しかしながら、ボクシングの結果は賭け事の対象となり得るが、プロレスの結果はそうでない。

　さらに、トンプソン（1991）は、喧嘩を一部の者にしか解らないかたちで転形（＝偽造）したものを偽の喧嘩と定義した（図V-1のⓑ）。周囲に悟られないかたちで互いに謀議して喧嘩のふり

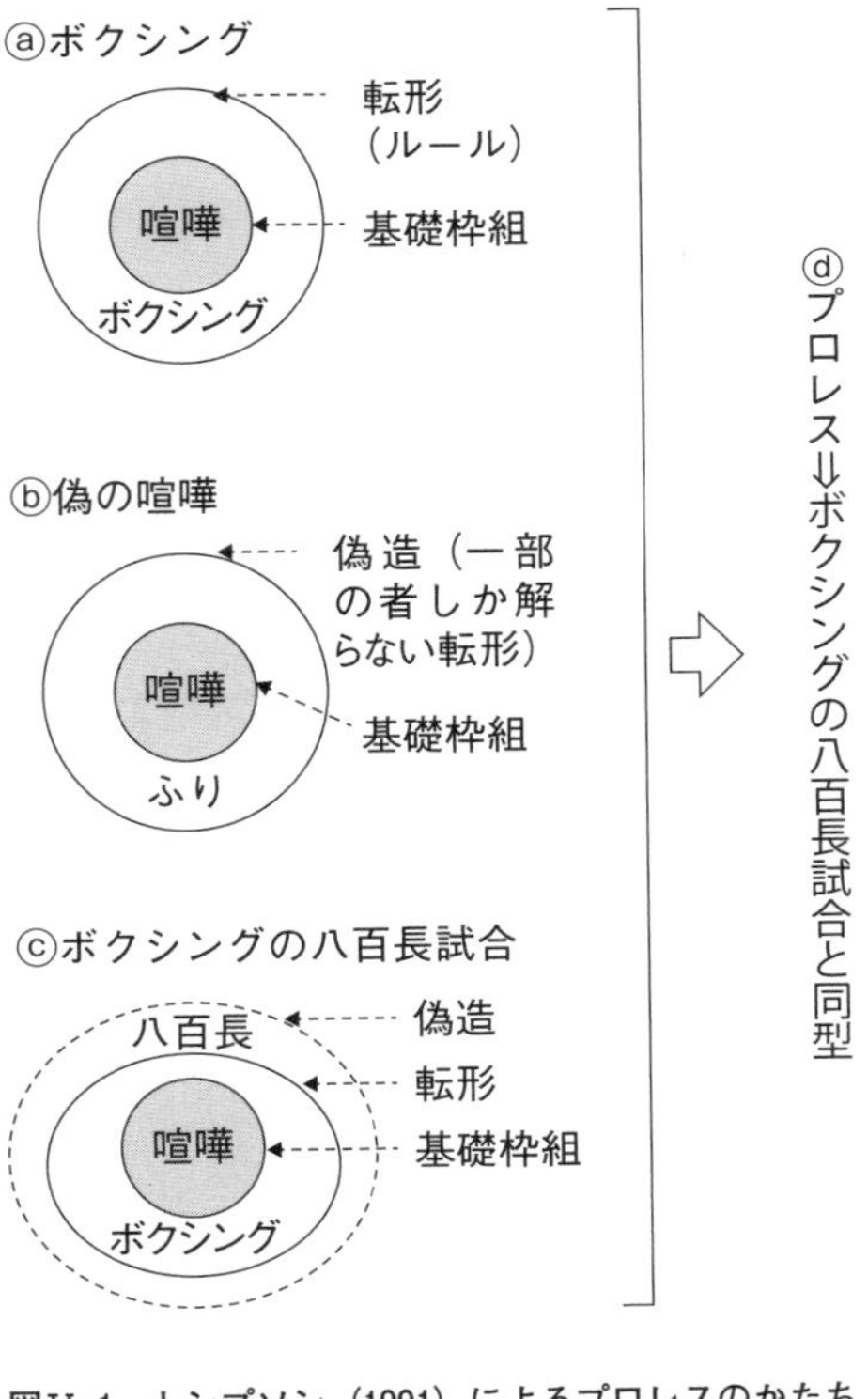

図V-1　トンプソン（1991）によるプロレスのかたち

をして周囲の者を騙すような場合である。したがって、「試合の展開や結果を決定する打ち合わせについて、参加者の一部（レスラー、プロモーターなど）しか知らず、別の一部の参加者（観客）は知らない（信じない）か、それとも疑って知ろうと思っても知ることができない」場合には、「八百長」試合と定義される（図V-1のⓒ）。

その上で、トンプソンは、プロレスをボクシングの「八百長」試合と同型と見做した（図V-1のⓒ）。彼によれば、「八百長」の企みの例として挙げることができるのは「血」である。「血を流して戦っているから、本当の戦いに違いない」という信念にそって、ボクシングの構図（図V-1のⓐ）がプロレスにも適用される。ちなみに、大日本プロレスではいわゆるデスマッチが興行の核を構成する。このデスマッチでは、蛍光灯、画鋲、有刺鉄線などの凶器により、「命を削り合うような闘い」（伊東 2020）が繰り広げられ、観客はレスラーの流血を目の前にする

写真V-1　大日本プロレスによる「鉄檻＆蛍光灯マッチ」の試合前光景
（2020年2月22日「大阪・鶴見緑地花博記念公園・ハナミズキホール」大会：著者撮影）

（写真V-1）。しかし、観客は、この流血をトンプソンが述べるような「真剣勝負」の証というよりも、エンターテインメントとして経験する[7]。その他、プロレス興行の後援主体や[8]、チャンピオン・ベルトなど[9]がプロレスを「真実の戦い」として観客に表象させるための装置として投入される。

ところで、力道山が非業の死を遂げる数年前に来日し、力道山とチャンピオンベルト（WWA世界ヘビー選手権）を争ったフレッド・ブラッシー（Fred Blassie：一九一八年生〜二〇〇三年没）は、「噛みつき」攻撃を得意とし、「吸血鬼」と呼ばれた。この二者のチャンピオン戦が日本テレビにより生中継された（一九六二年四月二三日、東京体育館）。ブラッシーは力道山の「額に噛みついて流血させ、その傷口めがけて噛みつき攻撃を続行」するのだ。その残酷シーンを生中継で見た高齢者がショック死したという報道まであった（ベースボール・マガジン社 2014）。ブラッシーは、「吸血鬼」のギミックを維持するために記者たちの前で「ポケットに入れてあった爪やすり」で「自分の歯」を磨いて見せたりした（ブラッシー&グリーンバーグズ 2003）。つまり、ブラッシーは本当に「吸血鬼」かもしれないという表象が観戦者に創り出されたのだ。大日本プロレスではこの噛みつき攻撃よりもある意味で陰惨な凶器が使用されるが、女性も多く占めている観戦者には明らかに恐怖よりも驚喜が起きるのである（現場確認）。

哲学者の入不二（2009）は、プロレスに関するトンプソン（1991）の捉え方（図V-1）を次の二つの観点から否定した。入不二による最初の批判は、「アマチュア・ボクシングとプロ・ボクシングのあいだにある連続性は、アマチュア・レスリングとプロレスのあいだにはない」ことである（図V-1のⓐ）。つまり、アマチュア・レスリングで巧みに「八百長」が行われたとしても、「地味なバックの取り合いや首相撲などに終始して、けっしてプロレスに転化することはない」のである。例えば、プロレスにおける

「反則を許容する公認のルール」の存在は、「プロレスを〈安定した何か〉からの〈偏差〉（＝本物からの逸脱としてのインチキ）と捉える方法論自体に、限界がある」ことを示している。

次に、入不二（2009）は、トンプソン（1991）が「生の喧嘩」を中核にすること自体に疑いをもつ。「イマジナリィな（想像上の）無限定の喧嘩そのもの」を中核に据えるべきとしたのだ（図Ⅴ-2）。ボクシングなどの通常の格闘技では、例えば、グローブ消去、ラウンド制消去などの「変形の逆操作」を施すと「殴り合いの喧嘩」という「限定された現実の喧嘩」を導出できる。しかし、プロレスの場合にはそのような「逆操作」を試みても「「想像力」による「無限定な喧嘩」」への限りなき接近となるだけである。

例えば、プロレスの古典技の一つにボディスラム[10]という技がある。入

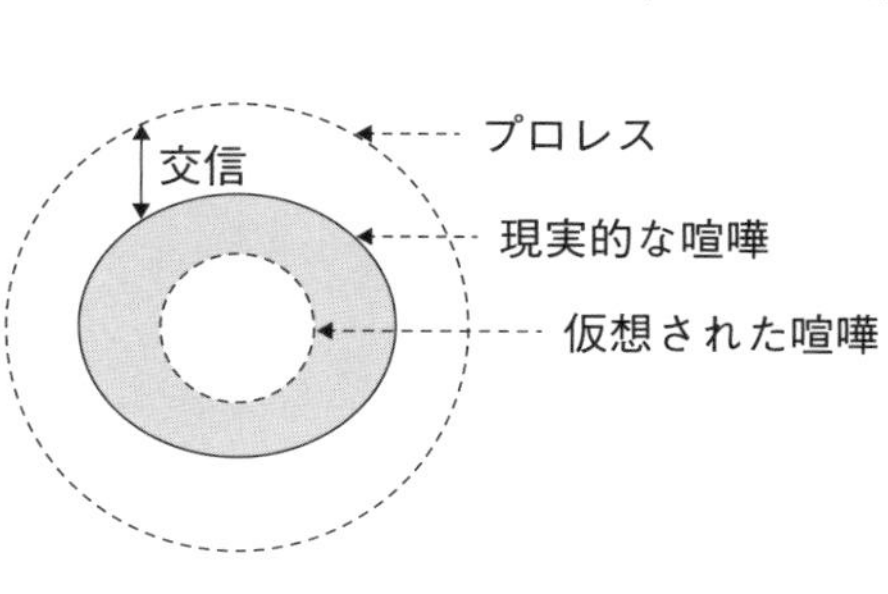

図Ⅴ-2　入不二（2009）による新たな定義

［7］この観客が体験する機制についてはここでは触れないが、流血を前提とするデスマッチを重要な展開軸とする大日本プロレスで女性の観客が多いことは心理学的に興味深い事象といえよう。

［8］力道山時代では、毎日新聞がほとんどの興行を後援した。

［9］力道山が巻いたベルトの由来は、今からすると曖昧である。ここでは、由来の真偽を突き止めるよりも、力道山がプロレスのかたちを構築するにあたってチャンピオンベルトを軸にすることの重要性を意識したことのほうが重要であろう。

［10］「相手の股に片手を差し込み、片手で肩を抱えて投げる」（東京スポーツ新聞社 1995）。

不二（2009）が指摘するように、この技は、当然ながら掛け手の技術が未熟であると相手が受身が取れない角度で頭から落下させる危険を考えると、レスラー双方の信頼と技術が前提となる。つまり、このボディスラムは、入不二が述べるようにプロレス空間にしか存在しない。単純にいえば、高度な技術を伴う「八百長」である。しかしながら、プロレス空間の観客は、このような「演技」を通して「無限定の力によって相手を自由に操作する超人的な技術を夢想」し（入不二 2009）、この「無限定の喧嘩そのもの」という想像上の存在と眼前の光景を交信させながら、「プロレス特有の緊張感や臭い」を体感するのである。

以上に述べたトンプソン（1991）や入不二（2009）の学問的考察は、力道山に始まる日本のプロレスに由来している。興味深いことに、プロレスの本場である米国では、ボール（Ball, M.R.）がプロレスを儀礼行動として捉え博士論文として提出し、日本でも翻訳書が公刊された（ボール 1993）。ボールは、当時米国の二大勢力であったＮＷＡ[11]やＷＷＦ[12]で展開されたプロレスを中心に、英国・文化人類学者ターナー（1996：Turner, V.W.）の儀礼概念や先のゴフマンの役割演技概念を動員しながら、論じた。ターナーによる儀礼過程論では、社会を一つの事物として捉えるのではなく、構造と反構造が継起する弁証法的過程として理解される。

ボール（1993）は、米国プロレスにおける次の三つの特徴から出発した。ⓐスポーツでありながら試合が多分に脚色されていて、観客のために演じられる寸劇やドラマ、ⓑレスラーは、それぞれ、個人、または集団のメンバーとしてステレオタイプ化されたキャラクターをもち、そのキャラクターの維持や改変は観衆の好みによる、ⓒ経済的エリート階級に大きく依存する大衆文化という一面をもつ。その上で、彼は、プロレスを「結果の予め決まった娯楽の一様式」として、スポーツからプロレスを分離した。元々古代レスリングは、自己の防衛と敵を組み伏せるための戦闘であった。これに種々のルールを被せることにより「健全なスポーツ」へと転形される。プロレスの段階では、「試合を印象づけるため」に様々な「人為的なアクションが盛り込まれ」ることにより、「競技の要素」を喪失し、スポーツとは本質的に異なるプロレスへと変異した。つまり、観客参加型のエンターテインメントとしてのプロレスが出現したのである。

プロレスでは、眼前で生じていることの「偽装」をレスラー、レフェリー、さらには観客が暗黙に了解することにより、プロレス興行に関わるすべての者が「儀礼的行為に貢献」（ボール 1993）する。ⓐアングル（個々の試合を必然化するために事前に構成されていくストーリー）、ⓑブック（個々の試合展開や勝敗に関するシナリオ）、ⓒギミック（悪役やヒーロー役など個々のレスラーが演じるキャラクター）などが暗黙の了解を前提とした儀礼的行為を生み出すための装置として動員される。さらに、ボール（1993）が指摘するように、リングもこの儀礼的行為の臨場感を高める役割を果たしている。コーナーの四本の鉄製支柱とリング中

[11] National Wrestling Alliance（一九四八年に米国のプロレス団体プロモーターの連盟として発足）。一九八八年にＷＷＦとの興行戦争に敗れ実質的に消滅した。

[12] World Wrestling Federation（一九七九年設立）：Vince McMahon Sr.（一九一四年生～一九八四年没）により設立されたＷＷＦ（World Wide Wrestling Federation）。これを息子の Vince McMahon Jr.（一九四五年生～）を中心に一九七九年にＷＷＦへと発展。世界自然保護基金（World Wide Fund For Nature）との名称訴訟に敗訴し、二〇〇二年にＷＷＥ（World Wrestling Entertainment）と名称変更。現在は米国最大のプロレス団体。

央床下に据えられた一本の支柱によって支えられたウレタンゴムは、レスラーに対する衝撃を吸収するとともに、「空洞な床面は巨大なドラムの作用を起こし、リング上の格闘から発する音を増幅」し、戦いの臨場感の高揚に貢献する。

3　プロレスのかたちに関する当事者による暴露《ばくろ》

「プロレス界」の隠語であるケーフェイ（Kayfabe）という用語をタイトルにした書物が有名レスラーである佐山聡（一九五七年生～）によって一九八五年に出版された。佐山は、一九七五年に新日本プロレスに入門するが、英国遠征中に呼び戻され一九八一年に虎の覆面を纏ったタイガーマスクとして日本のリングに登場した（ベースボール・マガジン社 2014）。このタイガーマスクは、一九六〇年代後半に梶原一騎（一九三六年生～一九八七年没）によって企画されたプロレス漫画（一九六八年～一九七一年）であり、アニメ化もされた。タイガーマスクは、当時の少年たちのヒーローであった。新日本プロレスは、このタイガーマスクを実際にリングに登場させ「四次元プロレス」を展開させたのだ。彼の登場は、新日本プロレスの人気を大いに高めることになった。この成功は「真の戦い」を志す佐山の内面とはまったく乖離したものであり、結局、佐山は、プロレスからショー的要素を廃したＵＷＦ（ユニバーサル・レスリング連盟：一九八四設立～一九八五年休止）の流れに与することになった。この流れは、既存のプロレスが「八百長」であるという言説を浸透させることとなり、いったんは新日本プロレスあるいはプロレス界全体を脅かすものにまでなった（前田ら 2019）。

佐山（1985）は、先述したかたちのプロレスは、レスラー、レフェリー、プロレス団体による偽装であり、これを完成させるためには各レスラーはブックに従って行動する必要があると暴露した。英語の「Be Fake」の逆さ読みであるケーフェイの当事者間での伝達が重要となる。当事者によるこのケーフェイの活字化（佐山 1985）は、衝撃をもたらした。ボクシングの「八百長」の同型としての「プロレス観」からすれば（図V-1参照）、ケーフェイの存在は「八百長」の証拠となる。

佐山の主張（1985　図V-3）は、単純明快であった。「練習をしても、技術をおぼえても、いったんリングに上がってしまえば、まったく別の作業をやらされ」、「強さよりもお客をわかせることを第一とした非スポーツ的な作業」だ。このようなプロレスを脱却し、「真剣勝負」の「シューティング」の世界（＝団体）を構築することを彼は宣言した。エンターテインメント性を排した「勝ち負け」を中心にすることにより次のような肯定的効果がもたらされる。「同じ相手と何回ぶつかっても新鮮味がある」し、「前回負けたほうは新しい戦法を取り入れてくるだろうし、勝ったほうも、もう一度研究し直」し、この反復による技術の高まりが「観客の見る目」を豊かにするというのである。佐山の主張は、先述したトンプソン（1991）による「生の喧嘩」に限りなく接近することではなく、「無意味な危険」（佐山 1985）

図V-3　『ケーフェイ』
（佐山 1985）

をルールにより排除することにより、勝敗を明確にすることにある。したがって、佐山の企図は、トンプソン（1991）によるボクシングのかたち（図V-1のⓐ）のレスリング版の実現にあるといえよう。

ジャイアント馬場時代の全日本プロレスのエースであったジャンボ鶴田（一九五一年生〜二〇〇〇年没。一九七二年ミュンヘンオリンピック出場）も、眼前で繰り広げられるプロレスのかたちに心理的葛藤を抱いていた。鶴田は、一九九二年「B型肝炎」を発症したが、一九九四年には筑波大学大学院体育学研究科で修士号を取得した異色エースである。彼の修士論文において（鶴田・小林 2010）、プロレスは「本質的価値があるスポーツでなく、人工的に作られたエンターテイメントだ」と元々イメージしていたにもかかわらず、「アマチュア・レスリングのプレイ人口を増やすために」プロレスでの成功を目指したと、自らの入門動機を述べた。さらに、鶴田は「演技の世界へと一人歩きしてしまうプロレスの実態」に対して「観客を真剣勝負の方に引き戻したい」と宣言した。しかし、彼は、佐山（1985）のように、プロレスを「真剣勝負」にしたいと主張しているのではない。「技術面（実力勝負の世界）と芸術面（観客を魅了する世界）という二元論」に基づき、「プロレスの競技化の推進、つまり総合格闘技化、もう一方はエンターテイメント化」を提唱した。鶴田は、「真剣勝負」への憧れを抱きながらもこの憧れを曖昧化したのだ。

新日本プロレスの創生期からレフェリーを努めていたミスター高橋は、[13]二〇〇一年にプロレスが「真剣勝負」ではなくエンターテインメントであることを解き明かした書物を公刊した（ミスター高橋 2003）。この時期は、アントニオ猪木の引退（一九九八年）やジャイアント馬場の急逝（一九九九年）に象徴されるように、新日本プロレスだけでなく日本のプロレス界自体が流動化し始めた時期でもあり、ミスター高橋による暴露はプロレス＝「八百長」説を勢いづかせることにもなった。

ミスター高橋（2003）は、先述したプロレスという枠組みの中でのレスラー、レフェリーや、プロレス団体による様々な偽装を具体的に説明した。例えば、「レスラーが段取りを忘れている」と「反則の注意」の振りをして「フィニッシュに持っていくまでのストーリーを耳元でささやきつづける」のである。

アングルの構成についても、ミスター高橋（2003）は開示した。タイガー・ジェット・シン（Tiger Jeet Singh：一九四四年生〜）による「新宿伊勢丹前襲撃事件」が実は当時無名の存在だったシンに凶暴なレスラーというキャラクターを付与するというギミックであったのだ。一九七三年一一月五日に伊勢丹前で倍賞美津子（当時の猪木夫人）と買い物中のアントニオ猪木を襲撃し、彼を流血させた。一般人が警察にも通報しいったん事件化したが、新日本プロレス側が警察に始末書を提出し、新日本プロレスに対する厳重注意にとどまった（ベースボール・マガジン社 2014）。この事件により、企まれたシンのギミックは完成し（「彼は本当にcrazy」）、その後もアントニオ猪木との間で数々の抗争を繰り返した。これは、無名の存在であったシン像を創出するとともに、ジャイアント馬場の全日本プロレス（当時のNWAと提携）との関係で外国人レスラーの招聘に苦しんでいる状況の解消もできた。

今や米国プロレスにおける伝説的存在であるハルク・ホーガン（Hulk Hogan：一九五三年生〜）の場合には、プロレス界における世界最強を決定するという構想の下に一九八三年に新日本プロレスによって、開催されたIWGP（International Wrestling Grand Prix）の枠組みの中で「最強伝説」が起動された。同年六月二日の第一回IWGP優勝戦には「当然ながら」アントニオ猪木が進み、当時は新鋭であったハル

［13］一九四一生〜。本名：高橋輝男。一九九八年にレフェリーを引退。

ク・ホーガンと対戦した。誰もがアントニオ猪木の優勝を信じていたのに、新鋭のハルク・ホーガンの得意技アックスボンバー[14]を受け、アントニオ猪木はリングサイドに転倒し脳震盪を起こしKO負けとなる。しかし、放映中のテレビカメラによりアントニオ猪木が舌を出しながら倒れていたことが映し出された（ベースボール・マガジン社 2014）。その後の入院時の疑惑なども相まってプロレス「八百長」論の根拠にもなった。

ミスター高橋（2003）によれば、ブックではアントニオ猪木の勝利が予定されていたのに、彼自らがそのブックを周囲との了解なしにひっくり返したのだ。この後、ハルク・ホーガンは、日本における存在感が高まるとともに、米国においても同様な高い評価を受けることになる。アントニオ猪木による元々のブックを自ら破壊する行為は、プロレスが「真実」であることを世間に見せつけるための瞬間的な行動と推測できるが、転倒に伴う舌出しを付加したことにより企てはむしろ疑惑を招いてしまったのだ。

続いてミスター高橋が出版した書物（ミスター高橋 2002）では、前述した方向で、「マッチメイカー」がプロレス全体をプロデュースしていることの確認が始まる。「マッチメイカーこそ、プロレスという鍛えあげられた選手たちの肉体と技術の芸術表現を演出している監督であり、プロデューサーであり、ディレクターであり、脚本家でもあるのだ」とその役割が強調される。

そこでは、一九八〇年中期の新日本プロレスにおける長州力と前田日明の確執についての内部情報の開示が試みられた。一九八七年一一月後楽園ホールで行われた六人タッグマッチにおいて、前田は長州の背後から正面に回りこみ顔面にキックを浴びせた。これにより、長州は「右前頭洞底骨折（全治一カ月）」を負った（ベースボール・マガジン社 2014）。前田は、キックの前に肩を叩き長州にサインを送ったにもかかわらず長州が顔を横に向けたと主張した。新日本プロレス側はいったん前田を「無期限出場停止処分」としたが、結局、「前田は長州が見えない背後から長州の顔面を狙ってキックした。これはプロレス道に反する行為だ」という理由で「追放処分」とした。つまり、前田の行為が元々の段取りにないから「プロレス道」にもとるという新日本プロレスの論理は、元々自ら掲げる「キング・オブ・スポーツ」という概念と矛盾をきたしたのだ（ミスター高橋 2002：2003）。

ここで、重要なことは、先述した佐山（1985）による暴露は、プロレスの延長に理想をおくのでなく、シューティング[15]という異なる枠組みの提唱を意図したものである。しかし、ミスター高橋（2002：2003）による暴露の意図は、プロレスが「キング・オブ・エンターテインメント」であるべきだという信念に由来する。ミスター高橋の視点に立てば、晩年のジャイアント馬場が「足を上げているだけの馬場さんに相手選手たちが逆に馬場さんを倒さないように気を使いながら当たっていく」（ミスター高橋 2003）ことに対する観客による拍手喝采と満足感という現象は、プロレスのエンターテインメント的本質に沿って生じるものなのだ。

このエンターテインメント性を中核に据え今や新日本プロレスに迫りつつある団体へと成長したＤＤＴに早くから所属する選手である坂井良宏は、ミスター高橋との対談で「…、ボクがＤＤＴにスタッフ

---

[14] 前出のラリアットを変形した技であり、自らの片腕を直角に曲げて、その内側部分を相手の顔面や喉元あるいは後頭部へぶつけていく。

[15] 真剣勝負を意味するプロレス用語のシュートから派生。

として入ってから今日までの活動のことは全部、高橋さんに言われたとおりにやってるだけなんですよ…」とその影響を告白する（マッスル坂井・ミスター高橋 2008）。エンターテインメント性を中核におく自分たちのプロレスのかたちが、力道山が確立した日本プロレスのかたちと本質的には異ならないことを坂井は確信しているのだ。

4 エンターテインメントとしてのプロレスのかたち

これまでに論じてきたように、プロレス興行に集う観客は、リング上の「真剣勝負」を求めているわけではない。眼前の戦いを通してリングを中心として観客のこころの中に形成された世界に歓喜しているのだ。これまでの論議に基づき、この構造を図式化しよう（図Ⅴ-4）。リングに現れるレスラーたちとレフェリー、そして彼らを支えるプロレス団体は、おそらく様々なかたちで全体として偽装（アングルやブックなど）を図る。これは、一見演劇に類似しているが、レスラーの身体と技能を駆使した戦いであるがゆえに、偽装の企てが壊れ異なる展開や結末が出現することもあり、演劇と同型とはいえない。さらに、興行に詰めかける観客は、「真剣勝負」や「八百長」などと単純に受容するのではなく、この偽装と展開を暗黙に受けとめながら能動的にこころの中に形成する世界に酔い続けるのだ。この形成をうまく組み立てることができない団体の興行は凋落するし、そうでない団体の興行は成功し続けるということになる。

レスラー、レフェリー、およびプロレス団体と観客との関係は、暗黙の了解によって連結された微妙な関係である。社会学者のジンメル（1979：Simmel, G.）は、秘密の対人的および社会的機能についても論じた。人々や集団の関係は「そこに秘密が存在するかどうか、さらに秘密がどれほど存在するか」により特徴づけられる。ジンメルは、秘密の役割とともに、「漏洩あるいは告白によってその限界を破るという、魅惑にみちた刺激をもあたえる」と論じた。つまり、レスラー、レフェリー、およびプロレス団体三者による偽装（アングル、ブック、ギミックなど）とその展開といういわば秘密は閉ざされたものではない。先のミスター高橋などの直接的な漏洩だけでなく、メディア（プロレス雑誌やインターネットなど）の間接的漏洩により、秘密と漏洩のダイナミックスが生起する。この秘密を観客がこころの中にどのように構成するかが重要となる。ここでの暗黙の了解とは観客がプロレスのかたちを創出する上でまさに共謀的関係を果たすことを意味する。もしも、この偽装と展開に観客が魅力を感じなければ離反することに

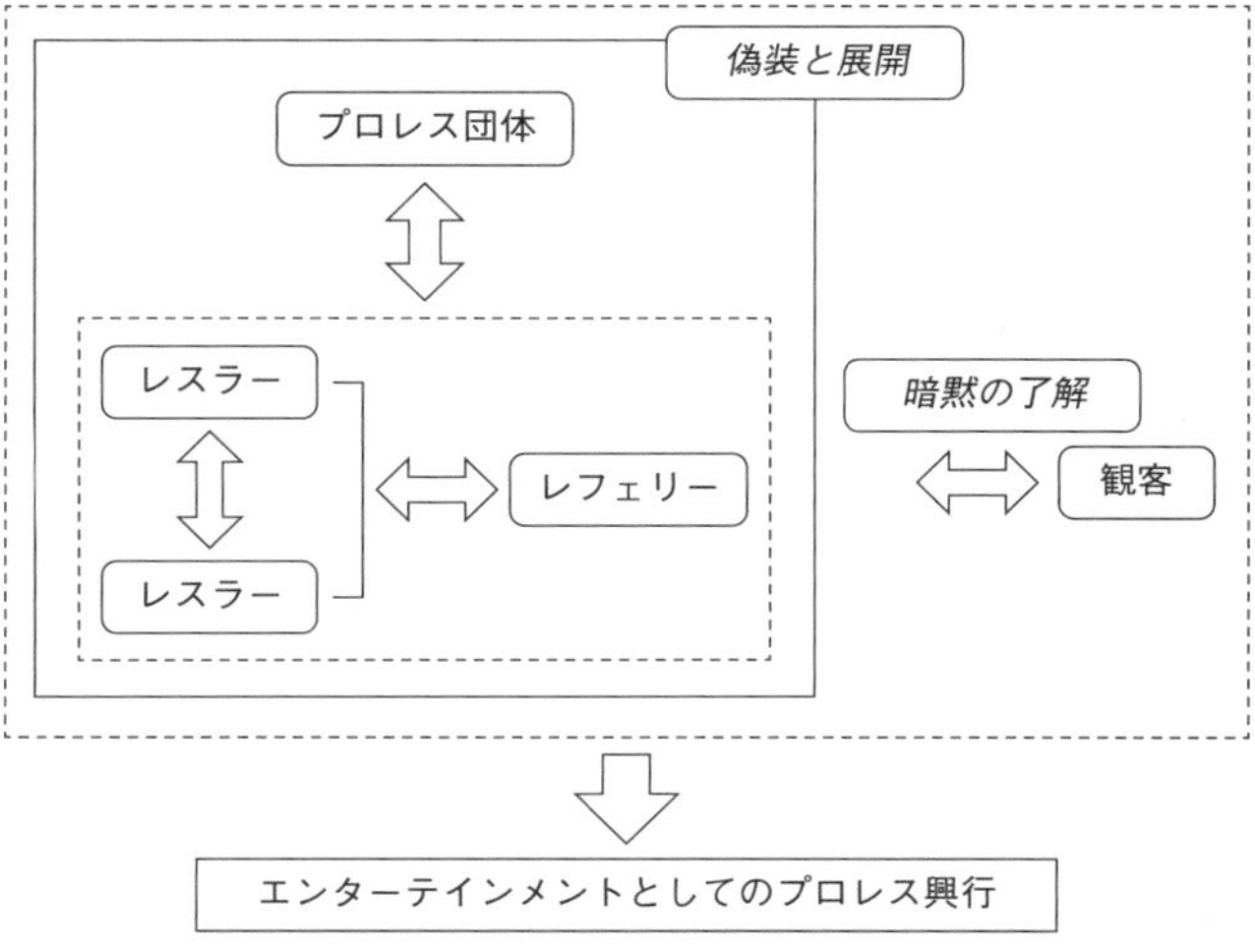

図Ⅴ-4　エンターテインメントとしてのプロレスのかたち

なる。

ところで、古川（2002）は、興行を次の二つに大別した。「演劇」的興行は、「原則として、一回の興行ごとに完結した世界をかたちづくる」ように構成され、「なんの予備知識」も必要としない。他方、「スポーツ」的興行は、「興行ごとに完結性をもつ構造」を備えているとともに、「その日の興行が、より大きな流れのなかでどのような意味をもつのか」つまり「サイド・ストーリー」の理解が重要である。さらに、古川はプロレスにおけるその「サイド・ストーリー」の過剰生産を指摘した。しかしながら、実際には、古川の区別と異なり、各興行においては「なんの予備知識」も必要としない試合とストーリー性に彩られた試合との混合が肝要となる。後者だけだと、たまたま観戦しても中途から連続ドラマを視聴したときのような戸惑いが生じるからである。つまり、新たに観客を獲得するためには「なんの予備知識」も必要としない試合も一定重要となる。しかしながら、古川による区別は、プロレスの場合には「演劇」的興行と「スポーツ」的興行が融合されていると考えたほうが適切であろう。

いずれにせよ、古川が指摘した興行の二側面は、子どもたちの間で一九八〇年代から一九九〇年代初頭にかけて大流行したロッテの「ビックリマンチョコ」を手がかりとして民俗学者の大塚（2001）が展開した物語消費論とも対応する。「ビックリマンチョコ」に封入されたキャラクター・シールには当該キャラクターに関する短い情報が記されている。これを手がかりにして子どもたちは「小さな物語」を観るのである。この「小さな物語」の集積の統合として「大きな物語」が子どもたちのこころの中に出現する。結局、この「大きな物語」に魅せられて子どもたちは「ビックリマンチョコ」を消費し続けるのだ。この大塚が呈示した構造はプロレスのかたちに対応している。眼前で繰り広げられる試合としての

「小さな物語」と、その背後に想定（＝想像）されるストーリーとしての「大きな物語」をプロレス興行の中で観客は消費するのだ。

ここで、今呈示したエンターテインメントとしてのプロレスのかたちに関する構図（図V-4）の妥当性を検討しよう。

プロレスのエンターテインメント性をいったん受容してしまうと、レスラーは「人」相手の戦いでなく、人形相手でも人同士の戦いと同様の歓喜や興奮を生じさせてしまうことができる。構図の中のレスラーの片割れは人間である必要はないかもしれない。

これはDDTの人形レスラーであるヨシヒコによって実証された（写真V-2）。ヨシヒコは、マッスル坂井（坂井良宏）の弟分という設定で二〇〇五年にリングデビューし[16]、勝利を収めた（一一分四六秒：ドラゴン・ラナ）。その後もヨシヒコは時折登場するが、二〇〇九年にはDDTの当時のエース・飯伏幸太がもつDDT最高峰ベルトであるKO-Dベルトに挑戦し[17]、「死闘」を繰り広げた。DDTのインターネ

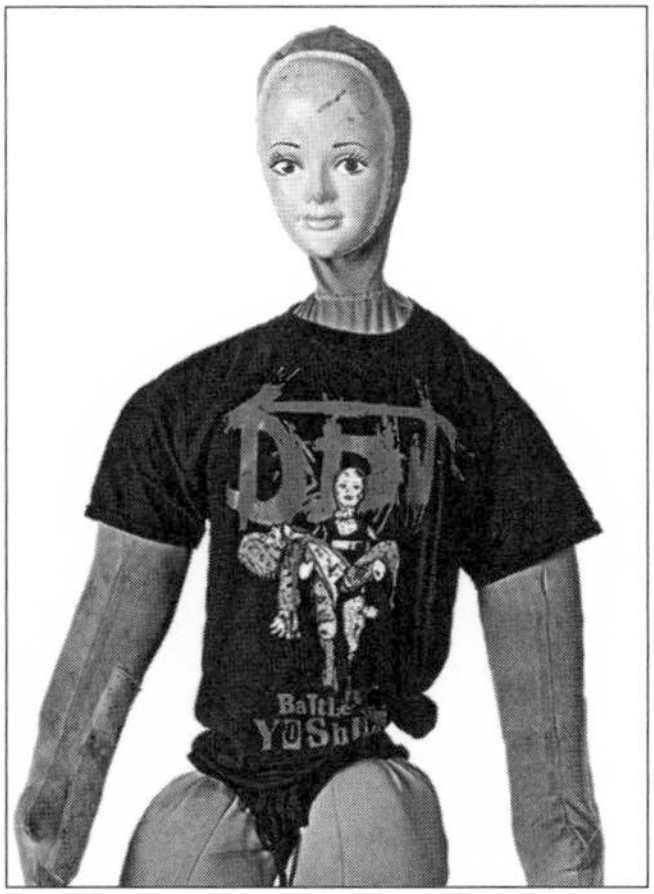

写真V-2　ヨシヒコ
（DDTプロレスリング（2020）より）

[16] 二〇〇五年二月。東京・新木場1stRing。ポイズン澤田JULEE・蛇イアント・猪熊戦闘員 対 男色ディーノ・マサ高梨・マッスル坂井・ヨシヒコ。

[17] 二〇〇九年一〇月後楽園ホール。二四分五秒フェニックス・スプラッシュにより飯伏の勝利。

ットサイト内の選手プロフィール欄にも「その人間離れした軽快かつアクロバティックな動きで大ブレイクをはたしたピープルズ・バトルドール」と紹介されている（DDTプロレスリング 2020）。観客にとってヨシヒコが人形であることが自明であるにせよ、試合の進展とともにヨシヒコに一喜一憂するのだ。例えば、飯伏との戦いでヨシヒコの得意技・デストロイ・インフィニティーに飯伏が苦しむ様は、実際には飯伏自身が創作しているという状況を忘却させ、観客はヨシヒコに酔うことになる。

人形相手にプロレスが成立するならば、身体的には明らかに劣る小学生を相手にしてもプロレスは成立する。ゆには[18]、小学生レスラーとして二〇一六年一二月にDDTリングにデビューした。この場合、人形であるヨシヒコの場合と異なり、大人のレスラーの技術だけでなく、身体的に圧倒的に劣る言わば「生身」のゆにを傷つけないという配慮（手加減）に加えて、その試合を観戦している観客を満足させる

写真V-3　DDTのエース竹下に逆エビ固めを仕掛けられるゆに
（2020年1月12日「大阪・すみのえ舞昆ホール」：著者撮影）

という高度に協応的なパフォーマンスが必要となる（写真Ⅴ-3）[19]。

プロレスのかたちの構図（図Ⅴ-4）は、レスラーやレフェリーが観客にとって視覚的刺激として存在することを一見前提としている。しかし、そもそもが観客が偽装と展開に対して暗黙に了解しているならば、観客それぞれがこころの中でリング上で展開されている試合を視覚的刺激として受容する必要はないかもしれない。ＤＤＴ・まっする「まっする１」[20]大会の第一試合「ヘル・イン・ア・ブルーシートデスマッチ」では、画期的な試みが行われた（週刊プロレス編集部 2020c）。この大会はマッスル坂井によって企画された。ちなみに、先述したように、彼は、自らの試合前に試合の背景や見所をパワーポイントによって観客にプレゼンテーションする「煽りパワポ」を導入した点でも、ユニークな選手である。四人タッグマッチがリング内を覆うブルーシートの中で行われたが[21]、途中で実況が加わるものの観客はその闘いの声と音しか経験できない。しかし、プロレスの試合にとって誰もが必要不可欠と信じる視覚的要素を剝ぎ取ったとしても、プロレスの枠組みが人間のこころに依存した虚構的成分によって支えられている限り試合は「成立」するのだ。ブルーシートの中での樋口組の勝利（四分〇秒：外道クラッチ）を疑う観客はいないのだ。この第一試合での試みは、プロレスの枠組みが結局のところ人間のこころの中でいかに表象されるかが重要であることを証明したのだ。


［18］二〇〇八年生〜。中学進学のため二〇二〇年三月にいったんプロレスを卒業。

［19］竹下幸之介・勝俣瞬馬・●大石真翔 対 ○上野勇希・吉村直巳・ゆに。二五分一九秒、片エビ固め。

［20］二〇二〇年一月二七日。東京・新木場1stRING。三六一人（満員）。

［21］○樋口和貞・納谷幸男 対 今成夢人・●翔太。

さらには、もしも先に示した構図内（図V‐4）の観客部分を除去したら、プロレスのかたちは存続できるのであろうか。DDTでは、『路上プロレス in 東京ドーム』と銘打って、高木三四郎 対 鈴木みのるのみの試合が東京ドームで組まれた[22]（二〇一七年六月：週刊プロレス編集部 2017）。観客はだれもいない。戦いは、東京ドーム内の全域で行われ、各所にDDT所属レスラーが登場し二人の試合に絡んできた。最終的にはホームベース上で鈴木が勝利した（三三分五四秒：体固め）。しかし、この模様はDDTの親会社のサイバーエージェントによってインターネット上でライブ配信された。つまり、この試合をだれも観ていないわけでなく、インターネットを介した観戦者が存在する。ちなみに、この試合は、五年前のDDT一五周年を記念して開催された日本武道館大会における対鈴木戦に由来する。鈴木に敗れた高木による「五年後、東京ドームに進出する」という思いつきのコメントをDDTらしいかたちで実現したのだ（高木 2019）。

実は、このような無観客試合は、一九八七年一〇月にアントニオ猪木がマサ斎藤（一九四二年生〜二〇一八年没）を相手に山口県下関市にある無人島、巌流島で行われた（ベースボール・マガジン社 2014）。二時間以上経過し両者の動作が鈍くなる中、アントニオ猪木が背後から裸絞めを決めTKO勝利を得た[23]（二時間五分一四秒）。この試合は、当時テレビ（当然地上波）で放映され「巌流島の決戦」として伝説化している。DDTによる「無観客試合」は、DDT設立二〇周年イベントとして、さらには、DDTが東京ドーム進出を射程においていることの高木による意思表明として行われた[24]。他方、歴史的な「巌流島の決戦」は、当時の新日本プロレスの人気低迷などを払拭するためにアントニオ猪木が試みた奇策ともいえる。しかし、プロレスのかたちとして見ると、テレビ視聴を前提として直接の観戦を排したという点でDD

Tによる試みと同型であろう。

二〇二〇年初頭に世界的規模で発生した「新型コロナウィルス感染症」の影響で、わが国でも緊急事態宣言が発出され、プロレス興行も中止に追い込まれた。感染拡大予防のため避けるべしとされた三密空間[25]にプロレス会場が該当するため、興行の自粛が求められたのだ。この事態にＤＤＴはいち早く対応し、インターネットを利用したライブ配信を行った。つまり、「無観客でライブの反応はない」が「普段と何ら変わらぬテンションで画面の向こう側にいるファンに大会を届けた」のである（週刊プロレス編集部 2020d）。

この無観客試合のライブ配信は女子プロレス団体を含め他団体でも実施されているが、新日本プロレスは、この騒動が長期化しないことを前提として選手のフリートークや秘蔵映像を中心とした配信に限定した。これには次の三つの理由を挙げた。ⓐ最高のクオリティーのものを見せるべき、ⓑ無観客試合に乗り気でない選手の存在、ⓒファンの多数が無観客に否定的（週刊プロレス編集部 2020f）。二〇二〇年春先にプロレス界に突然生じた「無観客試合」は、ＤＤＴによる東京ドーム大会やアントニオ猪木による「巌流島の決戦」と同様に直接観戦を排したプロレスのかたち（図Ⅴ-4参照）として語ることができる

[22] 一九六八年生〜。一九八七年新日本プロレス入団、一九八九年退団後しＵＷＦへ。現在パンクラスMISSION。
[23] テクニカル・ノックアウト。一方のレスラーの身体や意識の状態から試合続行が不可能とレフェリーが認めた場合には、レフェリーが途中で試合をやめさせることができる。
[24] 「これで終わるんじゃない。次は満員の東京ドームでＤＤＴの大会をやってやる！」（週刊プロレス編集部 2017）。
[25] ⓐ換気の悪い密閉空間、ⓑ多数が集まる密集場所、ⓒ間近で会話や発生をする密接場面。

が、これがあまりにも長期化した場合にプロレスからの観客の離反が生じる危険もあるだろう。五月二五日に緊急事態宣言が解除されたことに伴い、六月には三密の回避に配慮しながら、様々な団体が有観客の開催に向かった。

新日本プロレスは、毎年開催しているNEW JAPAN CUPトーナメントの無観客・ネット配信での開催（六月一六日〜七月三日）と七月一一日に大阪城ホールで有観客で決勝戦を行うことを宣言した（写真Ⅴ-4）。さらに、CUPの優勝者が翌一二日には同ホール（有観客）でIWGPヘビー級とIWGPインターコンチネンタルの二冠王者の内藤哲也[26]と戦うことを告知した。コロナ禍に対する社会的責任とプロレス界の頂点に立つ団体イメージの維持の両立を図ったのだ（週刊プロレス編集部 2020g）[27]。

最後に、プロレスのかたちの多様性に話を戻そう。先述した大仁田厚の「電流爆破」（第Ⅲ章：写真Ⅲ-5参照）や大日本プロレスが得意とする「デスマッチ」

写真Ⅴ-4　新日本プロレスによる「大阪城ホール」大会の試合前光景
（2020年7月11日：著者撮影）

（第Ⅴ章：写真Ⅴ-1）は、プロレスラーの身体の危険を観客のこころの中に極度に顕在化させる。DDT・ガンバレ☆プロレス所属の今成夢人[28]は、スナック菓子をリング上に敷き詰めた闘いを試みた（写真Ⅴ-5）。これは、プロレスにおける「二次創作」（東 2017）といえる。「二次創作」とは、「マンガやアニメから、一部のキャラクターや設定だけを取り出し、「原作」から離れて、自分の楽しみのためだけに別の物語を作りあげる創作活動」（東 2017）を指している。今成は、「電流爆破」や「デスマッチ」に元々負わされる身体の極度な危

[26] 一九八二年生〜。二〇〇五年新日本プロレス所属。

[27] 七月一一日三三一八名。七月一二日三八九八名。三密の回避対策として基本的に一席あるいは二席開けて観客席を配置。

[28] 一九八五年生〜。武蔵野美術大学在学当時に他大学のプロレス研究会で活動、在学時にDDTデビュー。卒業後に中京テレビに就職したが、退社しDDT映像班として活動。二〇一三年にガンバレ☆プロレス立ち上げ時からレスラーとして参加。

写真Ⅴ-5　ガンバレ☆プロレスにおける「ノータンパク１万5000キロカロリー摂取爆破ダブルスイーツタッグデスマッチ」

（2017年９月31日「大阪・都島区民センター」大会：著者撮影）

険性を切り離し、「二次的役割」を創作したのだ。注目すべきは、この「遊戯」的闘いは、観戦者のこころに元々形成された「電流爆破」や「デスマッチ」のかたちを巧みに利用したものであり、プロレスのかたちの拡張を図ったものだという点である。

5 プロレスは続く

女子プロレス団体であるスターダム（二〇一〇年設立）は、二〇一九年一〇月にブシロード傘下のキックスロードに事業譲渡したことを発表した（週刊プロレス編集部 2019）。スターダムを率いていたロッシー小川はスターダム事業部門の最高責任者として継続的にスターダムの運営に参画する。新日本プロレスは、日本において「一人勝ち」状態にあるにもかかわらず（第Ⅲ章参照）、女子プロレスとして好調な展開を見せているスターダムがブシロードの傘下に配置されることによって、より盤石な体制となった。

他方、二〇二〇年一月には、プロレスリング・ノアは、サイバーエージェントグループが全株式を取得したことによりこのグループの傘下に入った。同じくサイバーエージェントグループにあるＤＤＴ社長の高木三四郎がノアの社長にも就任することが発表された。この二団体の興行は独立的に営まれるが、両国国技館大会などの大きな興行における団体によるシナジー（協働）が宣言された。ＤＤＴはグループ内に元々東京女子プロレスを擁している。[29] さらに、七月にはサイバーエージェントの子会社サイバーファイトとして統合された（週刊プロレス編集部 2020h）。

いずれにせよ、ブシロード陣営に対する対抗勢力としてサイバーエージェント陣営も強化され、単にプロレス興行という面だけでなく、ＳＮＳやゲームなどをメディア・ミックス的に巻き込んだ新たなエンターテインメントとしてのプロレスのかたちが収斂してきたといえよう（第Ⅳ章参照）。WRESTLE-1（二〇一三年に武藤敬司によって設立）は、二〇二〇年二月末に無期限休止を発表した（週刊プロレス編集部 2020e）。武藤は「旗揚げ時からの赤字の体質を脱却できなかった」ことを告白した。つまり、すべてのプロレス団体が発展の方向にあるのではなく、他のエンターテインメント業界と同様に人々の中に魅力要素の喚起と持続の努力が重要であることが示されたのである。

二〇〇一年から二〇〇五年までの間、米国・ＷＷＥに所属し、現在もフリーランスとして活躍しているTAJIRI（一九七〇年生〜）は、「プロレスとは己の心身を鍛え抜いた者同士が、最終的にリングの上で雌雄を決するという舞台設定のファンタジーだ」（TAJIRI 2019）と指摘した。TAJIRIによるこの指摘は、まさに、本書全体で論じてきたエンターテインメントとしてのプロレスのかたちに通底しているといえよう。プロレスとは、暗黙の了解を介して観客自身に巧みに経験される表象なのだ。

社会学者のライト・ミルズ（1971：Mills, C. W.）は、文化的装置という概念を提起した。この装置は、「芸術的、知的そして科学的な仕事が進行するあらゆる組織と環境から、そしてまた、このような仕事

［29］ちなみに、ＤＤＴグループ内には今成夢人により企画・設立された『ぽっちゃり女子プロレス』も存在し、エンターテインメント色を広げている（高木 2019）。

［30］「文化装置は人々がそれを通して見る人類のレンズである」、「人々はその媒介によって自分たちが見るものを解釈し報告する」（ミルズ 1971）。

［31］先述した「プロレス＝八百長説」は、この表象の単純な裏返しにすぎない。

をサークルや社会や大衆にとって役に立てようとする手段から成っている」（ミルズ 1971）。そして、この装置によって人々は世界を理解するのだ[30]。ミルズは、この文化的装置によって表象された枠組みでしか物事を捉えることができない言わば受動的大衆観を描いた。この意味で、力道山時代のプロレスのかたちは、当時の時代背景を前提としてとりわけテレビが植え付けたリングで繰り広げられる比較的単純な表象といえよう[31]。

ミルズによる文化的装置は、その後、社会学的な自己論の枠組みの中で発展し、能動的色彩を帯びている。例えば、石田（1998）によれば「私たち自身が文化的生産物の創造や流通、消費や解読にかかわることで、現代文化をつくりあげ、自らをそれとして選択し選びとってもいる」。また、スポーツ史の立場からレイダー（1987：Rader, B.G.）は、「スペクテイター（見物人・観客）」という概念を核として、米国社会を対象としてスポーツの特質を描いた。つまり、彼が説くところによれば、米国社会における大リーグなどのチームスポーツやプロテニスなどの個人競技はともに、観る側（＝観客）、観せる側（＝競技者）それぞれが不安定な状態にあるだけでなく、双方の間の緊張関係によって成立しているのである。この観る側と観せる側の交互作用に関するレイダーの視点は、おそらく勝敗の曖昧さゆえにレイダーが除外したと推測されるプロレスのかたちにも適用できよう。

要するに、図V-4に呈示したような枠組みで、人々はプロレスのかたちの創造に加担するのだ。力道山時代には受動的表象であったものが、観客自体の志向性や嗜好も能動的に絡みながらプロレスの試合会場で繰り広げられる多様な光景が生み出される。そこに今や能動的な文化的装置の一つとなったプロレスのかたちがある。

引用文献

東 浩紀（2017）『ゲンロン0――観光客の哲学』ゲンロン
ボール（Ball, M.R.）／江夏健一（監訳）（1993）『プロレス社会学――アメリカの大衆文化と儀礼ドラマ』同文館出版
バルト（Barthes, R.）／篠沢秀夫（訳）（1967）『神話作用』現代思潮社
ベースボール・マガジン社（編）（2014）『日本プロレス全史――１８５４年～２０１３年の闘いの記録』ベースボール・マガジン社
ブラッシー＆グリーンバーグズ（Blassie, F., & Greenbergs, K. E.）／阿部タケシ（監修）（2003）『フレッド・ブラッシー自伝』エンターブレイン
古川岳志（2002）「大衆文化としての力道山プロレス」岡村正史（編）『力道山と日本人』青弓社、一四三－一七六頁
ゴフマン（Goffman, E.）石黒 毅（訳）（1974）『行為と演技――日常生活における自己呈示』誠信書房
猪瀬直樹（2013）『欲望のメディア』小学館
入不二基義（2009）『足の裏に影はあるか？　ないか？――哲学随想』朝日出版社
石田佐恵子（1998）『有名性という文化装置』勁草書房
伊東竜二（2020）『デスマッチ・ドラゴンは死なない』ワニブックス
川村 卓（1994）『プロレス観戦学入門――必殺技の方程式』三一書房
前田日明・高田延彦・山崎一夫・船木誠勝・鈴木みのる（2019）『完全版 証言 ＵＷＦ――１９８４-１９９６』宝島社
増田俊也（2011）『木村政彦はなぜ力道山を殺さなかったのか』新潮社
マッスル坂井・ミスター高橋（2008）「マット界の問題児（?-）が禁断の初遭遇」kamipro 編集部（編）『八百長★野郎――プロレスの向こう側、マッスル』エンターブレイン、二六五－二八五頁
ミルズ（Mills, C. W.）／青井和夫・本間康平（監訳）（1971）『権力・政治・民衆』みすず書房
ミスター高橋（2002）『マッチメイカー――プロレスはエンターティメントだから面白い』ゼニスプラニング

ミスター高橋（2003）『流血の魔術 最強の演技――すべてのプロレスはショーである』講談社（初版は二〇〇一年に講談社より公刊）
大塚英志（2001）『定本 物語消費論』角川書店
レイダー（Rader, B. G.）／川口智久（監訳）（1987）『スペクテイタースポーツ――20世紀アメリカスポーツの軌跡』大修館書店
佐山 聡（1985）『ケーフェイ』ナユタ出版会
ジンメル（Simmel, G.）／居安 正（訳）（1979）『秘密の社会学』世界思想社
新村 出（編）（2018）『広辞苑 第七版』岩波書店
塩見俊一（2010）「プロ柔道――一九五〇年、「見せる柔道」の顚末」『現代風俗研究会年報』（32）、一〇-三六。
杉本厚夫（1995）『スポーツ文化の変容――多様化と画一化の文化秩序』世界思想社
週刊プロレス編集部（2015a）「スターダムの悲劇」『週刊プロレス』（No. 1781）、四〇-四一。
週刊プロレス編集部（2015b）「なぜ、事件は起きたのか?」『週刊プロレス』（No. 1781）、八九-九一。
週刊プロレス編集部（2017）「路上の夢は、どこまでも」『週刊プロレス』（No. 1907）、六三-六六頁
週刊プロレス編集部（2019）「スターダム、ブシロード傘下で新体制へ！――ブシロードグループ「キックスロード」と事業譲渡契約を締結」『週刊プロレス』（No. 2036）、四-一一頁
週刊プロレス編集部（2020a）「新親会社は株式会社サイバーエージェント！――リデット体制から一年…NOAH大変革の時」『週刊プロレス』（No. 2051）、四〇-四一頁
週刊プロレス編集部（2020b）「方舟救済――NOAHサイバーエージェントグループ入り！」『週刊プロレス』（No. 2052）、一九-二二頁
週刊プロレス編集部（2020c）「ひらがなまっする特集」『週刊プロレス』（No. 2052）、六三-七〇頁
週刊プロレス編集部（2020d）「DDTより愛を込めて――観衆0人の世界で描く〝ファン不可欠〟」『週刊プロレス』

（No. 2056）、一〇〇-一〇一頁
週刊プロレス編集部（2020e）「W-1 の無期限活動休止が決定…」『週刊プロレス』（No. 2056）、一一二頁
週刊プロレス編集部（2020f）「コロナショックでも新日本はプロレスの灯を消さない！」『週刊プロレス』（No. 2060）、二二-二三頁
週刊プロレス編集部（2020g）「ハロルド・ジョージ・メイ社長が語る観客が戻るまで」『週刊プロレス』（No. 2074）、一二二-一二三頁
週刊プロレス編集部（2020h）「ＮＯＡＨとＤＤＴが経営統合――「サイバーファイト」始動」『週刊プロレス』（No. 2076）、三八-三九頁
TAJIRI（2019）『プロレスラーは観客に何を見せているのか』草思社
高木三四郎（2008）『俺たち文化系プロレスＤＤＴ』太田出版
高木三四郎（2019）『年商５００万円の弱小プロレス団体が上場企業のグループ入りするまで』徳間書店
多木浩二（1995）『スポーツを考える――身体・資本・ナショナリズム』筑摩書房
トンプソン（Thompson, L.）（1991）「プロレスラーのフレーム分析」岡村正史（編著）『日本プロレス学宣言』現代書館、二七-六〇頁
トンプソン（Thompson, L.）（2002）「力道山と「日本人」の呈示」岡村正史（編著）『力道山と日本人』青弓社、六九-九八頁
東京スポーツ新聞社（編）（1995）『プロレス全書』東京スポーツ新聞社
鶴田友美・小林正幸（2010）「ジャンボ鶴田のプロレス理論――プロレスはレスリングである」岡井崇之（編）『レッスル・カルチャー――格闘技からのメディア社会論』風塵社、一八五-二三五頁
ターナー（Turner, V. W.）／冨倉光雄（訳）（1996）『儀礼の過程』新思索社
牛島秀彦（1995）『力道山――大相撲・プロレス・ウラ社会』第三書館

［ＤＶＤ映像］
ＤＤＴプロレスリング（2010）『BEST OF THE SUPER YOSHIHIKO――〝プロレスラー〟ヨシヒコの全て！』ＤＤＴプロレスリング

［インターネット・サイト］（最終確認日：二〇二〇年一二月一五日）
ＤＤＴプロレスリング（2020）「ヨシヒコ」https://www.ddtpro.com/wrestlers/210
厚生労働省（2020）「新型コロナウイルス感染症について」https://www.mhlw.go.jp/stf/seisakunitsuite/bunya/0000164708_00001.html#kokumin
新日本プロレスリング（2020）「プロレスリング競技者規約」https://sp.njpw.jp/rule

あとがき

本書は、勤務先大学の研究紀要に二〇一五年から書き溜めてきた五篇の論考に大幅に手を入れた五つの章から構成される。本書全体を通読された方にはご理解頂けるはずであるが、本書の狙いは、力道山に始まるわが国のプロレス全体の歴史的語りではない。そのような作業は、例えば本書の各所で引用している岡村正史氏の労作などに委ねるべきであろう。表象されるプロレスのかたちの重要性に関わる筆者の想いが伝われば幸いである。

私的な事柄であるが、幼少の頃からプロレスの存在は当然ながら知っていたが、いわゆる「チャンネル権」を祖母が保持したためにテレビでのプロレス観戦はほとんど経験していなかった。そのため、本文でも触れた「テレビ・メディアとプロレスとの連結」（猪瀬直樹（2013）『欲望のメディア』小学館）の渦中に時代的におかれていても、小生にとってその連結は後づけ的な知識にすぎない。生観戦経験といえば、名古屋で暮らしていた頃に妻（二〇一三年に他界）が職場でたまたま入手したチケットでジャイアント馬場全盛の全日本プロレスの名古屋大会（愛知県体育館）を一緒に観戦しただけであった。あのブルーザ

［1］本書の冒頭でも述べた「心地よいパニック」を味わったのだ。

ー・ブロディ（Bruiser Brody：一九四六年生〜一九八八年没）に超至近距離で接近した時の恐怖体験は今でも想起できる[1]。その後、静岡暮らしを経て大阪にすまいを移した。大阪がプロレス興行の盛んな都市であることからも、プロレス観戦をするようになった。これが本書が「in OSAKA」的な視点に偏っている理由である。

小生の職業的専門である社会心理学の基本が「実際に見る・感じる」にあるという個人的信念から、大阪で最初にDDTを観戦したときの新鮮な感動が本書の狙いともいえるプロレスのかたちに関する思考を起動させた。本文でも言及した今成夢人さんの芸術的志向、アイドル顔で結構ハードに立ち向かう勝俣瞬馬さん、一見頼りなさそうな木曽大介さんが展開する機敏なレフェリング、などすべてが小生にとって本書の種となった。また、DDTとは匂いの異なる大日本プロレスの関西責任者の山本俊英さんとの語らいや、スキンヘッドの菊田一美さんの黙々とした弾丸ファイトもプロレスのかたちの多様性を感じとることができる別の種であった。さらに、大阪中心に伝統的なかたちを維持する道頓堀プロレスにおいてTORUさんが若手から中心レスラーへと成長する姿を確認できたことも、プロレスのかたちを探求するための礎となった。さらに、第Ⅱ章と第Ⅲ章でのデータ収集にあたっては、板垣美穂さん（同志社女子大学・生活科学研究科・生活デザイン専攻修士課程二〇一二年度修了）には多大な労力を頂いた。彼女のお陰で、本書を少しばかり計量的に彩ることができた。

具体的に着手してほぼ五年めにできあがった草稿を眺めると、とりわけ本文でも触れた岡村正史氏の労作や多々公刊されているプロレス本の読者からは突っ込みどころ満載であろう。しかし、二〇二〇年冒頭からの「新型コロナウィルス感染症」騒動の中で再び持ち出されている統一コミッショナー制度やプロレスラー・ライセンスの提唱などを考えると（週刊プロレス編集部（2020）「プロレス界にプラットフォームを！」『週刊プロレス』（No. 2064）、五－八頁）、プロレスのかたちの多様性を結論づけた本書は有意義かもしれない。例えば、小生のお気に入りレスラーの一人である暗黒プロレス組織666のKouzyさんがこのライセンスを所持しなければならないとなれば、もはやプロレスのエンターテインメント性は魅力ゼロとなる。

本書の公刊の申し出をご快諾頂いたナカニシヤ出版の編集部の宍倉由高さんには感謝するのみである。前作の「奇妙な」題名の本（『ことばの想い――音楽社会心理学への誘い』）に引き続いての本書は、明らかに小生の狭義の学問的専門（＝社会心理学）から溢れ出ているいわばエンターテインメント論であるからである。また、由浅啓吾さんにも編集過程の段階で尽力頂いた。さらに、定型的な社会心理学への閉じこもりを超えてこのようなエンターテインメント論の展開ができたのは、筆者が所属する同志社女子大学の自由な教育・研究環境のおかげであることも付け加えておかねばならない。例えば、当時道頓堀プロレスの若手レスラーであったＴＯＲＵ（松永 透）さん（現・東京・ＴＴＴプロレスリング所属）を数年にわたり、小生の講義のゲストスピーカーとして招聘できたのもこの自由な環境の賜物であろう（現在は、プロレスリング紫焔所属の大久保寛人さんがこの役割を継承）。

二〇二〇年八月

ＪＲ津田駅の近くにて

諸井克英

巻末資料

資料1　身長、体重、およびBMIに関する平均値比較
（一元配置の分散分析）

		平均値[a]	標準偏差値	最小値	最大値	分布の正規性[b]
身長（m）	プロレスラー	175.70c	6.67	155	196	0.097, p = .001
	プロ野球選手	180.01a	4.83	163	197	0.074, p = .001
	J1リーガー	177.46b	6.37	155	195	0.070, p = .001
		＊ $F_{(2/1664)}$ =80.48, p = .001			＊＊ $F_{(2/1663)}$ =93.54, p = .001	
体重（kg）	プロレスラー	91.44a	15.95	42	225	0.109, p = .001
	プロ野球選手	81.94b	7.40	60	114	0.701, p = .001
	J1リーガー	71.43c	6.49	57	94	0.068, p = .001
		＊ $F_{(2/1664)}$ =439.76, p = .001			＊＊ $F_{(2/1663)}$ =281.41, p = .001	
BMI	プロレスラー	29.53a	4.33	15.43	72.64	0.099, p = .001
	プロ野球選手	25.27b	1.92	20.29	35.19	0.045, p = .001
	J1リーガー	22.65c	1.13	19.27	26.60	0.028, p = .200
		＊ $F_{(2/1664)}$ =781.51, p = .001			＊＊ $F_{(2/1663)}$ =493.13, p = .001	
年齢（2016年1月1日現在）	プロレスラー	35.97a	9.58	16	73	0.069, p = .001
	プロ野球選手	25.87b	5.09	17	42	0.093, p = .001
	J1リーガー	25.57b	5.08	16	41	0.066, p = .001
		$F_{(2/1664)}$ =377.48, p = .001				

プロレスラー N =391, プロ野球選手 N =807, J1リーガー N =469
(a) 異なる英字は有意に異なることを示す（p < .05, *Bonferroni* の方法）
(b) *Kolmogorov-Smirnov* の検定（*Lilliefors* の修正）
＊：一元配置の分散分析
＊＊：共分散分析（共変量：年齢）

資料2　中規模以上のプロレス団体所属選手の身長、体重、および BMI の平均値
（一元配置の分散分析）

		身長		体重	
団体名	N	平均値	標準偏差値	平均値	標準偏差値
DDT	35	173.17	5.48	85.71	12.57
DRAGONGATE	35	171.28	4.41	78.85	12.23
K-DOJO	22	174.09	6.68	85.71	9.43
NOAH	15	174.60	5.91	90.07	10.23
WRESTLE-1	21	177.86	5.92	99.95	31.25
ZERO1	11	180.18	6.87	96.82	13.52
みちのく	13	172.00	5.08	83.31	9.82
新日本	26	179.18	5.86	100.19	10.23
全日本	12	183.08	7.04	98.92	12.26
大日本	16	175.06	7.97	99.69	17.41
		$F_{(9/196)}=7.60,\ p=.001$		$F_{(9/196)}=6.607,\ p=.001$	

		BMI		年齢（2016年1月1日現在）	
団体名	N	平均値	標準偏差値	平均値	標準偏差値
DDT	35	28.65	4.73	29.97	7.84
DRAGONGATE	35	26.80	3.49	33.37	8.03
K-DOJO	22	28.28	2.85	31.27	7.41
NOAH	15	29.51	2.62	32.67	8.07
WRESTLE-1	21	31.55	9.84	33.52	8.54
ZERO1	11	29.68	2.37	34.45	8.47
みちのく	13	28.14	2.77	34.08	7.69
新日本	26	31.15	2.08	35.88	7.20
全日本	12	29.44	2.46	34.08	12.38
大日本	16	32.50	5.23	34.13	12.06
		$F_{(9/196)}=3.359,\ p=.001$		$F_{(9/196)}=1.04$, ns.	

著者紹介

諸井克英（もろい かつひで）

博士（心理学）
名古屋大学大学院文学研究科博士課程単位取得退学。
静岡大学人文学部社会学科（社会心理学）・教授を経て，現在，同志社女子大学生活科学部人間生活学科（社会心理学）特任教授。

[主な著書]
『孤独感に関する社会心理学研究――原因帰属および対処方略との関係を中心として』（風間書房，1995年），『夫婦関係学への誘い――揺れ動く夫婦関係』（ナカニシヤ出版，2003年），『ハイロウズの掟――青年のかたち』（晃洋書房，2005年），『ことばの想い――音楽社会心理学への誘い』（ナカニシヤ出版，2015年），『動物園の社会心理学――動物園が果たす役割と地方動物園が抱える問題』（共著，晃洋書房，2018年）など。

表象されるプロレスのかたち
多様化する眼前のエンターテインメント

2021年3月31日　初版第1刷発行

著　者　諸井克英
発行者　中西　良
発行所　株式会社ナカニシヤ出版
〒606-8161　京都市左京区一乗寺木ノ本町15番地
Telephone　075-723-0111
Facsimile　075-723-0095
Website　http://www.nakanishiya.co.jp/
Email　iihon-ippai@nakanishiya.co.jp
郵便振替　01030-0-13128

印刷・製本＝創栄図書印刷／装丁・イラスト＝白沢　正

ISBN978-4-7795-1539-2